世界宗教の謎

同時刊行シリーズ
- キリスト教
- 仏 教
- ユダヤ教

Copyright © 2001 by McRae Books Srl, Florence (Italy)

All rights reserved. No part of this book may be reproduced in any form without the prior written permission of the publisher and copyright owner.

Islam
was created and produced by McRae Books
Borgo Santa Croce, 8 - Florence (Italy)
info@mcraebooks.com

SERIES EDITOR Anne McRae
TEXT Neil Morris
ILLUSTRATIONS Studio Stalio (Alessandro Cantucci, Fabiano Fabbrucci, Andrea Morandi), Paola Ravaglia, Gian Paolo Faleschini, Daniela Astone
GRAPHIC DESIGN Marco Nardi
LAYOUT Laura Ottina, Adriano Nardi
REPRO Litocolor, Florence
PICTURE RESEARCH Elzbieta Gontarska
Printed and bound in Hong Kong

Japanese language edition arranged through AM Corporation, Tokyo, Japan
日本語版版権©2003　ゆまに書房

世界宗教の謎

イスラム教

ニール・モリス [著]　佐藤正英 [監訳]

ゆまに書房

もくじ

注意： この本では一般的に使用されている西暦紀元、つまりキリストの誕生した年を0年として表示しています。この0年より以前の出来事については、すべて「紀元前」（紀元前928年など）と記しています。0年以降の出来事については、数字をそのまま記しています。（24年など）

イスラム教とは何か？	8
イスラムの起源	10
預言者の生涯	12
イスラムの基本的な教え	14
イスラム勢力の拡大	16
科学と知識	18
アフリカのイスラム教	20
礼拝	22
アジアのイスラム教	24
スーフィー	26

ハッジ（巡礼）	28
イスラムの帝国	30
イスラムの芸術	32
イスラム国家の出現	34
イスラムの女性たち	36
イスラムと欧米社会	38
イスラムの行事	40
現代のイスラム	42
用語解説	44
さくいん	45

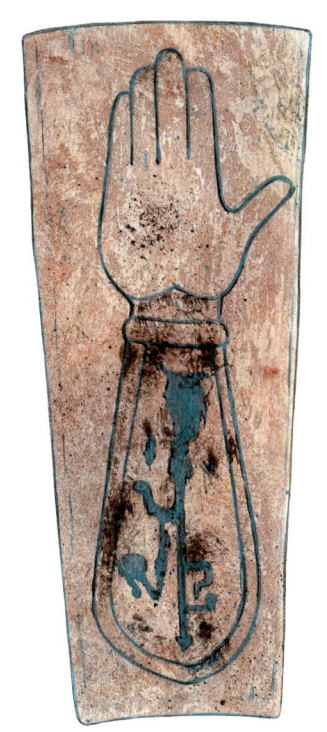

イスラム教とは何か？

イスラム教は今から1400年前、預言者ムハンマド（マホメット）が神（アラー）の啓示を受け、現在のサウジアラビアにあたる地域に誕生しました。その啓示を記録したものが『コーラン（クルアーン）』とよばれる聖典です。イスラム教は、ムハンマドの弟子や後継者によって広められ、まもなくアラビア以外の地域にも伝わりました。ムスリム（イスラム教徒）にとってイスラム教は人生そのものとなり、彼らの文化や社会を作り、導いてきました。イスラム教は世界中に広がり、今では10億以上の人々が信仰しています。

三日月と星はイスラムのシンボル。多くの国旗に使われている。

イスラム教の2大宗派が占める地域

世界的な宗教

ムスリムの人口は、世界的にみてもひじょうに多く、ムスリムが多くを占める地域は、中東、南西アジア、中央アジア、東南アジア、北アフリカです。その他、北アメリカやヨーロッパを含む大陸では、少数派ムスリムの小さな地域ごとの共同体が作られています。世界中のムスリムのうち、75％以上がスンニ派と呼ばれる宗派に属しています。

シーア派

イラク・イラン国民の大半がシーア派に属しています。シーアは、アラビア語のアリーを支持するという意味があります。シーア派は初代から3代目までのカリフ（アラビア語で後継者の意）を認めず、4代目のアリーをムハンマドの正統な後継者と認めています。ムハンマドの親せき（義理の息子）であるアリーの子孫だけがイスラムの指導者にふさわしいと彼らは信じています。

上：このシーア派の原器（物の測定に使用する道具）には、神、ムハンマド、アリーの名が記されている。

右：湾曲した木板。中国長安、グレートモスク（清真寺）蔵。

スンニ派

ほとんどのイスラム教国家では、大半の国民がスンニ派に属します。この名はスンナ（慣例、規範）からきています。つまり、預言者ムハンマドの教えと行いに従うということを意味します。スンニ派は、初代から3代目までのカリフを、ムハンマドの正統な後継者として認めています。スンニ派は正統なムスリムといわれています。

16世紀オスマン帝国宮殿のスンニ派イスラム学者。

神（アラー）への服従

イスラムは、アラビア語で絶対服従を意味し、平和を表すサラームからきています。アラビアでは、人生を唯一絶対の神（アラー）にささげることで、平和な状態になれるとされています。ムスリムは、神の意思に従う者に平和がもたらされると信じています。

啓示

イスラム教の『コーラン（クルアーン）』は、預言者ムハンマドに明かされた神の言葉を示しています。アラビア語の啓示をそのまま記した『コーラン』は、アラビア語をイスラム世界の公用語として広める役割をはたし、その影響は現在にも至っています。

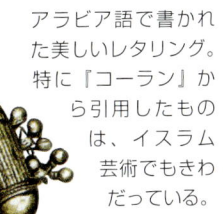

イエメンの琥珀と銀のビーズで作られた首飾り。中央のビーズを開くと、中にコーランの聖なる言葉が書かれている。

アラビア語で書かれた美しいレタリング。特に『コーラン』から引用したものは、イスラム芸術でもきわだっている。

ムスリムの文化

中世のムスリムは、科学、技術、学術など多くの点で進歩をとげました。中世のイスラム教の発展は、ムスリムの文化の広がりにもつながっていきました。古代ギリシャや古代ローマの文献はまずアラビア語に翻訳されたため、アラビア語は文学や貿易の世界で使われ、国際的な共通語となりました。

もっとも神聖な場所

現在のアラビアにあるメッカは、ムハンマドが生まれた場所であり、イスラム教徒にとって世界でもっとも神聖な場所です。世界中から巡礼者が集まり、世界中のムスリムが祈りをささげる際に向かう場所です。ムスリムは、聖なる場所である立方体の形をしたカーバ神殿に向かって祈ります。メッカには毎年何百万という巡礼者が訪れ、その時期になると異教徒は市内に入ることができなくなります。

カーバ神殿は、メッカの中心に位置するグレートモスクの中庭にあり、黒い布でおおわれている。

礼拝

神への礼拝は、ムスリムにとって非常に重要です。623年にメディナに到着した後、ムハンマドは礼拝の実践を義務づけました。サラートと呼ばれる儀式的な礼拝は、1日5回行うことになっています。さらに、男性は金曜日に特別な集会に参加します。また、ムスリムはドゥアーと呼ばれる個人的な祈りを通じて、神に救いや導きを求めます。

エルサレム

エルサレムは当初、ムハンマドにとって聖なる都市でした。当初、仲間にこの都市に向かって祈るよう指示しましたが、後になってその方向はメッカに変わりました。ムハンマドは619年のエルサレムからの「夜の旅」の際に、天に昇ったと信じられています。ムハンマドが亡くなってから6年後には、エルサレムはムスリムの軍によって制圧されました。現在も、東エルサレムはアラブ系ムスリムで占められています。

「岩のドーム」。エルサレムでもっとも神聖なイスラム神殿。

一部のムスリムは、神に祈る際、99個のビーズを33個ずつ3つに分けた数珠を使う。このビーズを手の指の間に通し、一つひとつに触れながら神への讃美を口にする。

イスラムの起源

アラブ人について最初に記録を残したのは、ムハンマド誕生の約1400年前のアッシリア人でした。この頃のアラブ人という言葉は、北アラビアと中東地域の遊牧民を意味しました。アラブ人は同族関係にあるさまざまな民族に分かれ、セム語に属するアラビア語を話しました。一部のアラブ人はキャラバン（砂漠の隊商）の町に住むようになり、小さな都市国家を作り上げるまでに発展しました。しかし、近隣のビザンチン帝国とササン帝国の勢力争いに巻き込まれて侵略されると、その多くは再び遊牧民に戻ることになりました。その後イスラム教が誕生すると、アラブ人は結束し、強大な勢力に成長しました。

古代カナンの嵐と天候をつかさどる神バール像。この地方で崇拝されていた。

イスラム以前の宗教

ムハンマドが登場する以前の時代は、ほとんどのアラブ人がその土地の神や女神を崇拝していました。地域ごとの神々のほか、部族をつかさどる神も存在しました。南アラビアには星と月の神をあがめるカルト的な信仰が広がり、古代バビロニア人やゾロアスター教に影響を与えました。都市や商業の中心地などでは、ユダヤ教とキリスト教によって唯一の神という考え方が広がり、土着の宗教から改宗する者が増えました。

ムハンマド以前は、2つの強大な帝国がこの地域一帯を支配した。6世紀には、ビザンチン帝国のユスティニアヌス、ササン帝国のホスローの2人が強力な支配者として君臨した。

天の神アフラ・マズダ（『善の神』、ゾロアスター教の神）。羽を広げて世界を守る守護神として描かれている。

二つの帝国の間で

6世紀のアラビアは、2つの敵対する帝国に占領されていました。北西側はビザンチン帝国の領土で、東ローマ帝国と名づけられ、首都はコンスタンチノープル、宗教はキリスト教でした。東アラビアはササン帝国の領土で、首都はクテシフォン、宗教はゾロアスター教でした。

イスラム以前にあがめられていた魔法の木を表すペルシアの絵。

ゾロアスター教

ペルシアのゾロアスター教徒は、ゾロアスター（ザラツストラ）という古代の聖職者の教えを信仰しました。ゾロアスターという名まえには黄金に光る人という意味があります。彼は善と光と真理の最高神アフラ・マズダの幻影を見ました。アフラ・マズダは彼に、暗黒と悪の破壊的な神アンラ・マンユと戦うよう命じました。ゾロアスター教は、動物の生けにえを神にささげ、古代の火を使った儀礼を実践していました。

アラビア神話

アラビア神話では、人間はねん土で作られ、天使は光から作られたとされています。またアラブ人は、煙のない炎から作られたジンという名の知性ある悪霊の存在を信じていました。ジンは、ふだんは目に見えない存在ですが、突然人間や動物の姿で出現したと言われています。ジンは良くも悪くも、数々の物語や民話のなかに登場します。

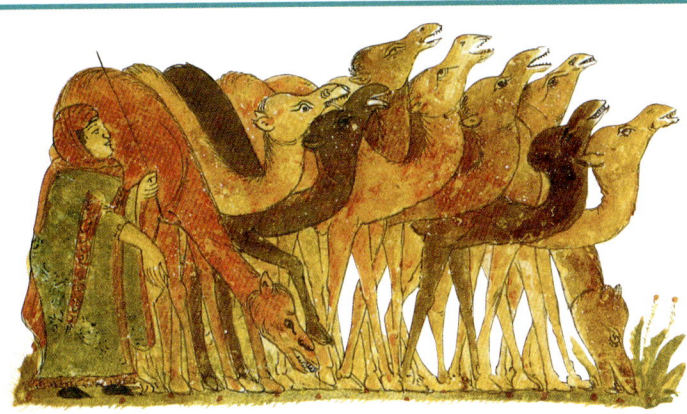

世界で初めてアラビアのラクダやヒトコブラクダを家畜として活用したのは、紀元前1500年のアラブ遊牧民族だった。ラクダは北アフリカ行きの砂漠の隊商に連れて行かれた。

古代の都市国家

紀元前約500年になると、アラブの遊牧民族は中東砂漠を横断する隊商交路沿いの都市周辺に小さな国を作り始めました。ナバテア人はペトラ（現在のヨルダン）に定住し、その他の民族はパルミヤ（現在のシリア）という国を発展させました。これら2つの都市国家は、後にローマ人に占領されました。

アンタルのロマンス

アンタルの名で知られるアンタラ・イブン・シャッダードは、6世紀に活躍したアラブの詩人であり戦士です。彼は、後に物語『アンタルのロマンス』で砂漠の騎士の鏡としてたたえられた人物です。彼はベドウィンの首領と奴隷少女の間に生まれました。愛する女性アブラとの結婚のために挑戦した数々の冒険のなかで、彼は戦士としての勇気を周囲に示しました。

この葬儀に使われる像は、紀元前1世紀の南アラビアのもの。

メッカの発展

古代のメッカは、南アラビア半島と地中海の間の貿易交路上にあり、定住都市へと発展し、定期市（カーバ神殿の大祭にともなう市場）が毎年開かれるようになりました。原始的な偶像崇拝の儀礼も行われたため、メッカは偶像信仰者の巡礼の地となりました。最初の定住用の家は、5世紀ごろに建てられたようですが、その後もメッカは、商業の中心地として栄えました。

貿易商人たちは、アラブ社会では重要な地位にあった。品物は承認された貿易交路を通ってはるばる運ばれた。メッカはそのような交路上にあった。

カーバ

アラブの伝説では、初めて神がつくった人間アダムが古代メッカのカーバ（立方体の意）神殿を建てたとされています。カーバは地球で最初の神の館でしたが、ノアの大洪水で流されてしまいました。その後、アブラハムとその息子イサクが建て直し、アブラハムはそこに、天使ガブリエルから受け取った黒石を置いたと伝えられています。ムハンマド以前は、360個以上にも及ぶ偶像や祭壇が置かれていました。

『アンタルのロマンス』で描かれた絵。

ムハンマドの墓から出土したタイル。黒い覆いをかけられた立方体のカーバ神殿が描かれている。

預言者の生涯

16世紀のオスマン人による細密画に描かれたムハンマドの誕生。

預言者ムハンマド（570〜632）は、現在のサウジアラビアにあるメッカで生まれました。少年の頃は学校に行かずに商人として働きました。おそらく文字の読み書きも学習しなかったと思われます。神の啓示を受けた時、ムハンマドは40歳でした。52歳の頃、ムハンマドと弟子はメッカを出てメディナに向かいました。この旅が、イスラム紀元の始まりとなりました。ムハンマドがメッカの軍と8年間戦った結果、イスラム教はメッカに受け入れられるようになりました。彼はこの時、ようやく異教の偶像を破壊することができたのです。

ムハンマドの誕生

ムハンマドは西暦570年に生まれました。彼の両親は、クライシュ族というメッカでも有力な部族の一員でした。父親は彼が生まれるとすぐに亡くなり、地元の慣例に従ってベドウィン族の女性に育てられました。ムハンマドが6歳の時、実の母親も亡くなると、彼の祖父と叔父アブ・タリブに引き取られました。

最初の啓示

40歳になった610年のある晩、ムハンマドはメッカ近郊のヒラー山の洞くつで祈りをささげていました。すると突然彼の名を呼ぶ声がしたかと思うと、天使ガブリエルがあらわれ、自分は神の使徒であると告げました。ムハンマドは天使が見せた文字を読むことはできませんでしたが、心の中に書きとめ、それを暗唱することができると感じました。

最初の啓示は、610年に天使ガブリエルによってもたらされた。ガブリエルはムハンマドが死ぬまで、啓示をもたらし続けた。

夜の旅

ある夜のこと、ガブリエルがムハンマドを翼のある馬に乗せ、エルサレムまで連れて行きました。そこから7つの天国へ行き、モーセとイエスを含むかつての預言者に会いました。さらに彼は、1人で神のいる最高位の天国へ行きました。後になって、これが肉体をともなった旅だったのか、それとも魂だけの旅だったのかという点で、弟子たちの意見が分かれました。

ムハンマドの弟子

初めの頃は、ムハンマドの妻ハディージャと、ごく近しい人だけが彼の説教を聞き、賛同していました。ムハンマドが公に伝道を始めると、多くの人々が彼をばかにしてからかいました。彼がカーバ神殿での偶像崇拝を否定していることを知ると、人々は怒り出しました。彼を信じた多くの人々は、迫害を受けることになりました。

この細密画には顔が描かれていないが、ムハンマドは最初のころ、弟子にひんぱんに食事に呼ばれていた。

メディナのムハンマドのモスクと墓。
16世紀のモロッコの資料より。

アブー・バクル

裕福な商人だったアブー・バクル（左）は、ムハンマドの一番の親友でした。彼はムハンマドの教えを全面的に信じ、成人男性で最初のイスラム教徒となりました。ムハンマドは後に、アブー・バクルの娘アーイシャと結婚しました。ムハンマドの死後、アブー・バクルは初代のカリフ（後継者）となり、632年から634年の間、ムスリム社会の指揮をとりました。

アーイシャ

アブー・バクルの美しい娘アーイシャは、ムハンマドのもっとも若い妻でした。彼女はムハンマドとの簡素な生活を快く受け入れ、時には彼とともに夜通し祈り続けました。アーイシャは優しく、寛大で、しかも強い女性でした。656年、彼女は殺されたカリフ、ウスマーンのかたきを討つための戦いに参加しました。今日多くのムスリムが、メディナにある彼女の家を訪れています。

聖遷

一部の裕福なメッカの商人は、彼らのやり方を批判するムハンマドがうとましくてなりませんでした。財産や権力が奪われることを恐れ、彼らはムハンマドに対してある策略を企てました。622年、ついにムハンマドと弟子はメッカを追われて北上し、ヤスリブ（のちのメディナ）に移りました。これを聖遷といいます。この出来事は重要視され、この622年がイスラム暦の元年となりました。

ムハンマドの娘ファーティマとマクツーム出身の妻ウムサラマとともにひざまづくアイーシャ。3人の女性の顔はベールでおおわれている。

部族の首長たちが支え持つ毛布から、聖なる黒石を持ち上げるムハンマド。

ムハンマドの死

632年のある日、ムハンマドがメディナのモスクに行くと、そこには礼拝中のアブー・バクルがいました。アブー・バクルは交代しようとしましたが、ムハンマドはそのまま続けるように言いました。この時のムハンマドは、病気で体調がかなり悪化していました。彼は自宅に戻るとアーイシャの腕の中に身を横たえ、息をひきとりました。ムハンマドの遺体は亡くなった場所に埋葬され、その墓は巡礼の地となりました。

ムハンマドの死を嘆き悲しむ仲間たち

黒石

605年、カーバ神殿は洪水の被害を受けました。神殿はメッカの指導者の手で再建されましたが、この時誰が聖なる黒石を元の位置に戻すか議論になり、ムハンマドに決定をゆだねました。ムハンマドは、石を置いた毛布を部族の首長たちに運ばせ、それから彼自身の手で石を定位置に置きました。これには誰もが満足し、ムハンマドへの信頼感はさらに増すことになりました。

13

イスラム教の基本的な教え

ムスリムは、聖典『コーラン（クルアーン）』で示された神の啓示に導かれて暮らしています。また、ムハンマドが書いた彼自身の言動やしきたりに関するハディースという書物にもしたがっています。戒律や法をまとめたシャリーア（道という意味）という書物には、より良い人生を送るための指針が示されています。さらに、すべてのムスリムが実践しなくてはならないことがあります。信仰告白、礼拝、喜捨（貧しい人に施しをすること）、断食、巡礼の五つで、これらはイスラム五柱（五行）と呼ばれています。

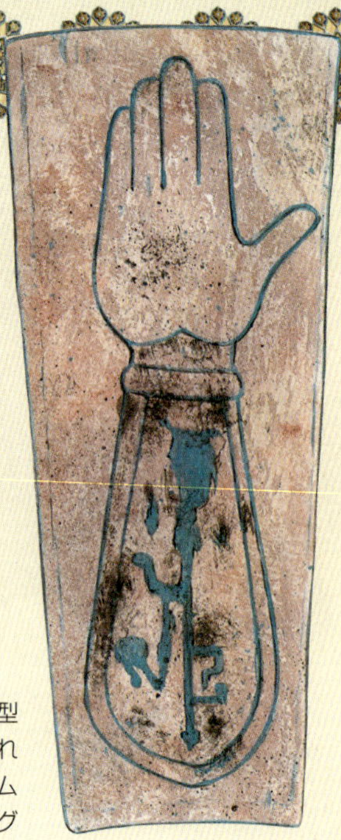

アルハンブラ宮殿のアーチ型入口上部のかなめ石に描かれた手。5つの指は「イスラム五柱」を表す。（スペイン、グラナダ）

コーラン（クルアーン）

「啓示」を意味する聖典『コーラン』は、全114章で構成されています。ムスリムは、神の言葉がそのまま『コーラン』にしるされていると信じています。この聖典はもともとアラビア語で編集されており、他の言語に翻訳されたものは、原文の内容と比べてどこかが欠けていると考えられています。この聖典は大切に扱われ、多くの場合スツール型の台に置いて読まれます。

美しく文字で書かれ、装飾をほどこされた中世の『コーラン』

イスラム五柱（五行）

イスラム五柱（五行）は、5つの基本的な義務や要求で成り立っています。何本もの石柱が寺院を支えているように、この欠くことのできない義務を実践することが、イスラム教全体を支えています。それぞれの柱は組織を支える重要な役割をはたし、イスラム教の土台をしっかりと固めているのです。

モロッコの刺繍パネル。シャハーダ（信仰告白）の言葉が金糸で刺繍され、礼拝する人の姿を浮かび上がらせている。

シャハーダ（信仰告白）

イスラム五柱の最初のシャハーダは、証言するという意味があります。「アラーの他に神なし。ムハンマドはその使徒なり」と信仰の宣言または告白をします。ムスリムは朝起きて一番に、そして夜寝る前にこの言葉を唱えます。

死後の世界

ムスリムは、現世での人生は試練であり、その結果によって死後に行く場所が決まると考えています。死ぬと、死の天使がその人の魂を審判の日になるまで導きます。現世で良い人生を送ったひとは、楽園に行きます。『コーラン』では、楽園を木々や花が生い茂る緑の園として描いています。反対に、試練に耐えられなかったひとは地獄に落ちます。

この15世紀の細密画には、地獄の炎にもがき苦しむ罪人たちの姿が描かれている。

この方位磁石は、どこにいてもメッカの方向が分かるようにするのに使われる。

サラート（礼拝）

五柱の2番目は、サラート（礼拝）です。礼拝者はメッカのカーバ神殿に向かってひざまずきます。これを1日に5回、日の出の直前、昼過ぎ、午後遅く、日没後、夜中から夜明けの間に行います。モスク内では、この時間になるとムーエジン（時報係）が呼びかけますが、自宅でも行うこともあるようです。

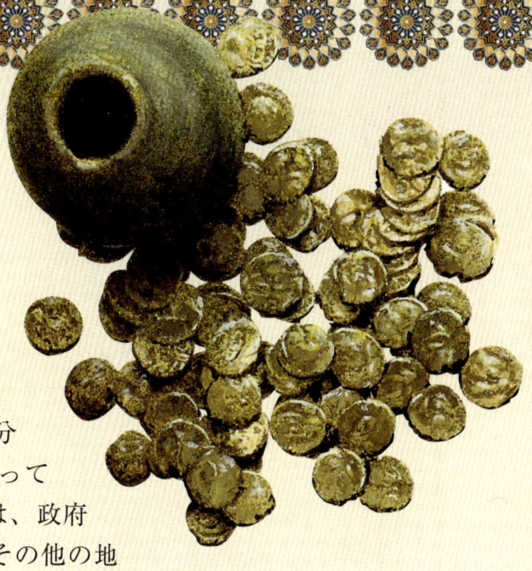

サウム（断食）

4番目の柱は、ラマダン月の日の出から日没までに行う断食です。健康な成人は、夜明けから日暮れまで飲食することができません。ラマダン月は夏にあたるので、かなり長時間断食することになります。12歳以下の子ども、妊婦、授乳中の母親、老人、病人、そして旅行中の者は断食する必要はありません。

ザカート ─ 貧しい人々に渡される寄付金

ザカート（喜捨）

ザカートには「清める」という意味があり、慈善行為や寄付を施すことをさします。喜捨は五柱の3番目となります。今日では、人々のために財産の2.5％または40分の1を支払うことが義務になっています。イスラム教の国では、政府がザカートを徴収します。その他の地域では、イスラム共同体の委員会に支払うことになっています。

特別な衣装を着てラマダン月の断食の終わりを祝うシンガポールの子供たち。

分かち合い

ザカートに加え、ムスリムは路上生活者や自分より貧しい人々に援助の手をさしのべます。彼らは直接援助するか、またはイスラム救援機構や赤新月（赤十字のような組織）に寄付します。このようにして、自分が持っているものに対し、どれだけ感謝しているかをを神に示します。裕福なムスリムは、昔から学校や病院を建てることがならわしとなっています。その他のムスリムは、公共の井戸や泉をつくってきました。

ハッジ（巡礼）

5番目の柱は、ハッジです。ハッジは、イスラム暦の第12月に行われる特別な巡礼をさします。毎年、世界中から何百万ものムスリムが集まります。巡礼者は質素な服を身につけ、特別な経路をたどってメッカ周辺を歩きまわります。ムスリムは、少なくとも一生に一度は巡礼する義務があります。

キャラバンを組みメッカに向かう巡礼者を描いた13世紀の絵。

エルサレムにある公共の泉

15

イスラム勢力の拡大

ムハンマドが632年に亡くなるまでに、イスラム教はアラビアの中央と南部の大部分を制圧しました。そして、死後100年のうちに、アラブ系ムスリムはメソポタミア、レバント（東部地中海とその沿岸地域）、北アフリカ、南スペインとフランスの一部の人々を支配し、改宗させました。ほぼ6世紀もの間、ムスリムの2つの王朝が実権を独占しました。ダマスカスに首都を置くウマイヤ朝、もうひとつはバグダッドのアッバース朝でした。

新たに制圧した国々のイスラムの支配者は、独自の貨幣を発行した。上のコインは、権力のシンボルであるイスラムの剣を持つウマイヤ朝カリフ、アブド・マリクが描かれている。

上のモザイク画は、ウマイヤ朝の首都ダマスカス宮廷にあったもの。『コーラン』に書かれているエデンの園を描いている。

ウマイヤ朝

イスラム帝国初代の強大なウマイヤ家は、661年から750年まで実権を握っていました。もっとも繁栄したのは、アブド・マリク（在位685〜705）の時代でした。このころアラブ軍はスペイン全土をほぼ制圧し、北インドを侵略、中央アジアの一部を占領しました。アラビア語は公用語となり、財政のしくみも変えられ、アラブの新しい貨幣が導入されました。

アッバース朝

ムハンマドの伯父の子孫にあたるアッバース家は、750年にウマイヤ朝を打ち倒し、イスラム帝国の首都をバグダッドに移しました。その後100年の間に帝国の権力と地位は急激に拡大し、工業、科学、商業、芸術の分野で大きな進歩をとげました。アッバース朝の支配は、モンゴルに滅ぼされる1258年まで続きました。

強大なアッバース朝のハルン・アルラシド（在位786〜809）。この絵は『千夜一夜物語』のエピソードを題材にしたもので、彼がトルコ式の風呂に入る場面を描いている。

王朝間の抗争

多くのイスラム王朝が、アッバース朝に対して戦いをいどみました。ファーティマ朝は909年以後、北アフリカのほとんどの地域を支配しました。中央アジアのトルコ民族セルジューク朝は、西アジア一帯に広大な帝国を築きました。アルモラービデ朝は、北アフリカの西側を占領し、その後スペインに攻め入りました。

双頭の鷲は、セルジューク朝のシンボル。1055年、セルジューク朝はアッバース朝に打ち勝った。彼らはカリフが宗教において主導権をもつことを重視し、王朝の権威を復活させた。

ファーティマ朝は969年のエジプト制圧後、カイロに華麗な宮廷を建設した。このクリスタル製の水差しは、ファーティマ朝支配下のカイロでつくられた。

ムスリムの兵士

アラブの騎馬隊は、足の速いアラビア馬に乗り、弓ややり、剣で完全武装していました。剣は、イスラムのシンボルの三日月を思い起こさせる形をしています。彼らは鎖かたびらと紋章のついたかぶとを身につけ、木製または革製の小型の盾を持っていました。

778年、フランク王シャルルマーニュは、侵略してきたムスリム軍とスペインで戦った。このフランスの細密画には、悪魔のような姿のムスリム兵士が描かれている。キリスト教徒はムスリムをさして異端者（不誠実な者たち）と呼んでいた。

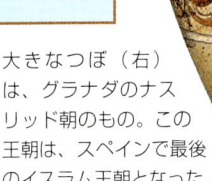

■ イスラムの占領地
■ ビザンチン帝国

800年頃、イスラムは南アジアの全土、北アフリカ沿岸、地中海の島々、イベリア半島のほぼ全域を占領した。

十字軍

1095年から1291年の約200年の間に、キリスト教の法王やヨーロッパの王は、エルサレムや初期のイエスにまつわる場所を支配していたムスリムに対し、残忍な手段で攻撃をしかけました。第1回十字軍遠征の騎士は、1099年にエルサレムを占領しました。しかし1187年、十字軍はムスリムの指導者サラディンによってエルサレムを追放されました。13世紀の終わりには、マムルーク朝が最後に遠征された十字軍を撃退しました。

大きなつぼ（右）は、グラナダのナスリッド朝のもの。この王朝は、スペインで最後のイスラム王朝となった。

イスラム教国スペイン

ムスリムの軍が最初にスペインに入ったのは、紀元8世紀でした。8世紀末までは、ムスリムがイベリア半島（現在のスペインとポルトガル）の大部分を支配下に治めていました。1492年にアラブ人が追放されるまでの間、いくつかのイスラム王朝が豪華な宮廷を占領しました。アンダルシアのウマイヤ朝（アラビアのウマイヤ朝の生き残りによって築かれた王朝）は、スペインにおけるアラブ文明の頂点をきわめました。その後におこった王朝としては、アルモラービデ、アルモアデ、ナスリッドがあります。

科学と知識

初期のイスラム科学者や学者は、古代ペルシアや古代インドの学問から大きな影響を受けましたが、もっとも大きな影響を受けたのは古代ギリシャの学問でした。ムスリムの学者は、多数のギリシャの手書き資料を書き写し、翻訳しました。こうした作業は、のちに全世界に大きな恵みをもたらしました。もし彼らが書き写さなければ、中世ヨーロッパ時代の間に、多くの古代の資料が失われたでしょう。科学用語にはアラビア語が多く使われ、アル・フワリズミやイブン・シーナ（アヴィセンナ）に代表されるムスリムの科学者の研究は、世界に大きな影響を与えました。

古代ギリシャの哲学者であり科学者であったアリストテレスは「最初の師」として知られているが、イスラム世界に大きな影響を与えた。この彼の肖像画は、13世紀のムスリムによる手書き資料から発見された。

科学技術

ムスリムの科学者は、科学技術と工業の分野で、きわだった進歩をとげました。13世紀初めに活躍したアル・ジャザリーは、あらゆる種類の機械を発明し、その内容を『機械装置の知識』に書きました。その中には、揚水装置や時計なども含まれました。

この図は、アル・ジャザリーの著書で紹介されているロウソク時計。1時間ごとに人形が飛び出すしかけになっている。

イスラムの医学者達は、人間の解剖学だけではなく動物についても同様に研究した。この図は15世紀のエジプトのもので、馬の骨組みを示している。

医学

中世イスラムの医師は、古代ギリシャと古代ローマの医学をもとに治療にあたっていました。ラーゼスという名で知られるペルシア人のムハンマド・アル・ラーズィー（865～923）は、当時、もっとも偉大な医師でした。アル・ラジは腎臓やその他の臓器について研究を重ね、天然痘やはしかといった病気の記録をとり、他の医師たちが彼の調査結果を役立てられるよう、書きとめておきました。また、ひじょうに多くの内容をおさめた医学事典を作り、古代ギリシャ人の間違いを指摘しました。

この13世紀の図は、薬を調合するムスリムの薬剤師を表している。

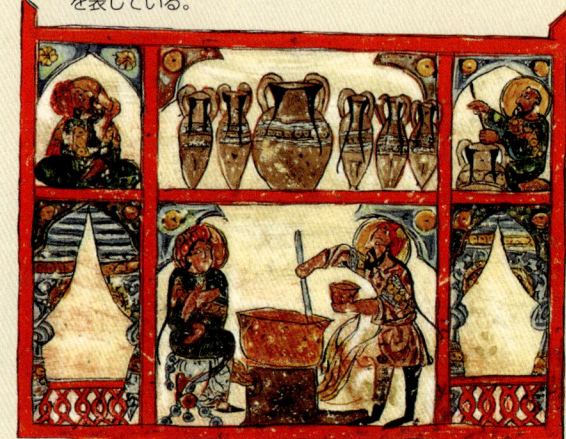

病院と医学校

初めて病院が開設されたのは、9世紀のバグダッドでした。その1世紀後には、さらに4つの病院が市内に建てられました。その他、メッカ、メディナ、カイロ、ダマスカスにも建てられ、誰もが治療を受けることができました。イスラム世界全土からの医師が、勉強と実践のためにこれらの病院に集まりました。13世紀には、ダマスカスに医学専門の学校が設立されました。

18

١ ٢ ٣ ٤ ٥ ٦ ٧ ٨ ٩ ۰
1 2 3 4 5 6 7 8 9 0

アラビア数字。ゼロを意味する点も見られる。

アラビア数字

イスラム以前のアラブ人は、数字を言葉で表す指計算という方法を使っていました。この方法は簡単な計算には便利でしたが、かけ算や割算には適当ではありませんでした。その後、ムスリムの旅人や商人は1から9までの数字とゼロを使ったヒンドゥーの計算方法を取り入れました。ムスリムは、これをインドの数字と呼んでいましたが、ヨーロッパに伝わった時にはアラビア数字と呼ばれるようになりました。

地理学

12世紀までには、ムスリムはアジア、北アフリカ、ヨーロッパの基本的な地形を理解していました。モロッコ人の地理学者アル・イドリシ（1100～1165）は、シシリアのルッジェーロ2世の宮殿で暮らす前にさまざまな地域を広く旅して回りました。彼はルッジェーロ2世に命じられ、世界地図を作りました。その地図（北が下側にきている）は、当時としては驚くほど正確なものでした。

代数

ムスリムは、古代エジプトやバビロニアで使われていた代数の分野を飛躍的に発展させました。9世紀、アル・フワリズミ（800～850）というペルシアの数学者が、代数（アルジェブラ）に関する本を書きました。アルジェブラは、復活を意味するアル・ジャブルという言葉からきています。

アル・フワリズミの著書の一部。のちにラテン語に翻訳され、代数はヨーロッパに伝わった。

16世紀頃になると、ムスリムの天文学者は高度な専門知識を身につけ、さまざまな器具を持つようになった。下の図は、1575年にイスタンブールに建てられた天文台で研究にいそしむ天文学者を描いたもの。

バグダッドの図書館を描いた13世紀の細密画。書棚にはたくさんの本が積まれている。

学問

ムスリムはイスラム世界のさまざまな場所に学校を建てました。クッターブとよばれる特別な学校をモスクに併設し、少年たちはここで『コーラン』やその他のことについて学びました。970年、カイロにアル・アズハルモスクが設立され、併設の学校は授業料無料の大学になりました。ここが世界最古の大学と考えられます。

天文学

8世紀頃、ムスリムの学者はインドやペルシアの天文学の書をアラビア語に翻訳しました。その1世紀後には、古代ギリシャの学者プトレマイオスの文献も翻訳しました。こうした古代の知識をもとに、ムスリムは独自の天文学を発展させました。中でも彼らが開発し、改良した天体観測儀は、すぐれた器具でした。彼らは砂漠をわたるときやメッカの方向を確認するときに、天体観測儀を活用しました。

アフリカのイスラム教

7世紀にムハンマドが亡くなってすぐ、ムスリムは北アフリカの大部分を占領し、イスラム教を伝えました。彼らはサハラ砂漠の周辺に広がり、やがて西アフリカのニジェール川流域に栄えたいくつかの王国と交易を始めました。何世紀もの間、ガーナ、マリ、ソンガイの各国はイスラム教を学ぶための中心地となりました。これらの地方にはその頃の信仰や伝統が残され、現在もアフリカの北部や中部のほぼ全域で主にイスラム教が信仰されています。

オレンジ色の線は、1800年までにイスラム教が勢力を広げた範囲を示している。

イスラム勢力の到来

640年頃には、ムスリムの兵士や移住者がアラビア半島からエジプトへと渡りました。アレクサンドリアを占領した2年後にはナイル川上流へ進み、現在のスーダンにあたる場所へ向かいました。また、サハラ砂漠のはずれをわたり、西方へも進軍しました。698年には、古代都市カルタゴがムスリムによって倒されました。また8世紀の初めには、数千年にわたり北アフリカの地中海近辺に住んでいたベルベル人が、イスラム教を受け入れるようになりました。

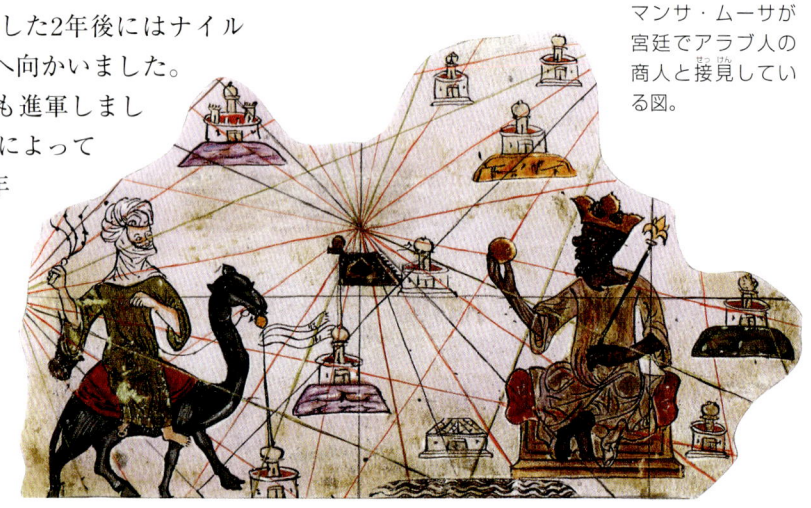

マンサ・ムーサが宮廷でアラブ人の商人と接見している図。

この数珠は、スーダン西部のもの。アフリカの巡礼者がメッカのみやげとして持ち帰った。

マンサ・ムーサ

マンサ・ムーサ（上）は西アフリカのマリ王国の国王で、1307年から1332年まで王国を統治しました。彼は1324年に行った7000kmにおよぶ大規模なメッカ巡礼でよく知られています。マンサ・ムーサは馬にまたがり、6万人を引きつれ、80頭ものラクダに金を乗せて持参したといわれています。彼はマリ国内にモスクを数多く建て、集団礼拝を導入し、イスラムの学問発展につくしました。

ソンガイ帝国

イスラム教をとり入れたソンガイは、15世紀までに貿易国として西アフリカでもっとも栄えた帝国となりました。国王スンニ・アリ（在位1464〜1492、上の人物）率いる軍が交易の中心地であったトゥンブクとジェンネを侵略し、統治を実現したのです。彼の後を継いだ国王アスキア・ムハンマド（在位1493〜1538）は、イスラム教を広めるように努めました。ソンガイ帝国は1591年、モロッコ軍によって打ち倒されました。

巡礼

アフリカのムスリムは、少なくとも一生に一度はメッカに巡礼できるよう努めます。イスラム教がアフリカ全土に広がると、中央および西アフリカの支配者はメッカへ巡礼する途中、エジプトにも立ち寄りました。16世紀、ソンガイ帝国の国王アスキア・ムハンマドはメッカへの旅の途中にカイロに立ち寄り、エジプトのアッバース朝からカリフの肩書を与えられました。トゥンブク出身の学者もカイロに寄り、エジプトで多くのことを学んで帰りました。

泥レンガ造りのモスク

14世紀以降になると、アフリカのモスクは日に干した泥レンガで建てられるようになりました。木製の骨組みのまわりにレンガを置くことで、豪雨などで壁が壊れた場合に修理しやすい構造になりました。もっとも有名な泥レンガのモスクは、人口の90％がムスリムであるマリのジェンネとモプティにあります。

ジェンネの町は13世紀に始まり、交易都市として急激に成長した。現存する泥レンガの大きなモスクは、初期のモスクを基礎にした伝統的な建築様式で建てられている。

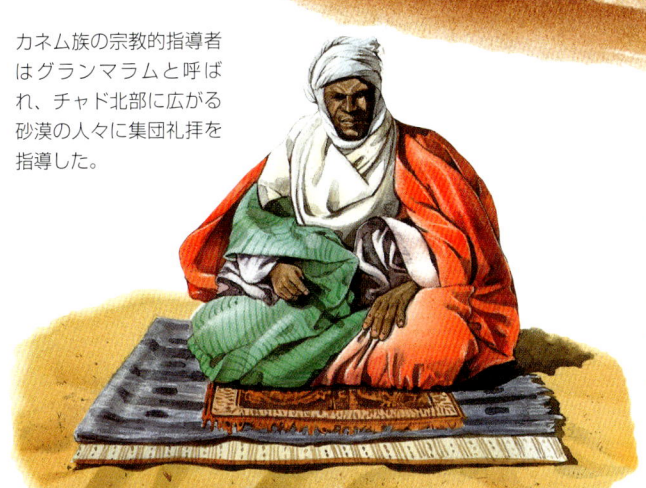

カネム族の宗教的指導者はグランマラムと呼ばれ、チャド北部に広がる砂漠の人々に集団礼拝を指導した。

カネムの人々

チャド北部のカネム族は、8世紀から19世紀まで続いた帝国の子孫です。チャド湖周辺に栄えたカネム・ボルヌー帝国とその支配者は、1086年にイスラム教に改宗しました。この国は、銅、塩、馬をチャド南部の象牙やコーラの木の実と取り引きすることによって繁栄しました。現在、チャドの国民の約半数がイスラム教を信仰しています。

現在のアフリカのムスリム

現在のところ、地中海沿岸の国々を含むアフリカの北半分の国々では、国民の過半数をムスリムが占めています。イスラム教は北アフリカを横切り、大西洋沿いのセネガル（国民の94％がムスリム）からインド洋沿いのソマリア（ほとんど全国民がムスリム）にまで広がっています。アフリカで最もムスリム人口の多い国は、エジプト、ナイジェリア、アルジェリアです。

17世紀か18世紀のコーランの写本。アフリカ独自の書式でアラビア文字が書かれている。

イスラム教について学ぶセネガルの少年。

宗教と政治

北アフリカの国々の多くは、イスラム教を国の宗教として法律で定めています。20世紀になると、いくつかの国ではイスラム政党の間で権力をめぐる争いが起きるようになりました。1991年、アルジェリアの政党であるイスラム救国戦線（FIS）が第1回の選挙で勝利しましたが、与党として認められませんでした。その5年後に作られた新憲法で、宗教に関係する政党を除外することが決まりました。この2つの出来事がきっかけで、激しい戦闘が続きました。

アルジェリアでは、イスラム政党が選挙に勝った際、軍に妨害され政治権力を奪われた。

ムーエジン（時報係）あるいは宣言者が、モスクの外にある塔の上から信徒たちに祈りの時を告げる。

礼拝

礼拝は、イスラム教でも非常に重要な儀礼です。ムスリムは、1日に5回の礼拝が自分たちの生活にある種のけじめを与えてくれると信じています。礼拝はモスクか自宅で行います。礼拝する際には特別に決められた動作があり、祈りに没頭し、精神を集中させ、他のことを考えないようにするための工夫がなされています。1回の礼拝にかかる時間は、ほんの2、3分です。金曜日になると、男性は特別な集会に参加し、正午の祈りをささげます。この時間になると、イスラムの国の商店や会社はすべて閉じられます。

礼拝の準備
ムスリムは礼拝の前に準備をととのえなくてはなりません。まず心の中からあらゆることを追い出し、神に意識を集中します。そして、ウドゥーと呼ばれる方法で身を清めます。手を洗い、口と鼻をすすぎ、顔、腕、頭、足を洗います。そばに水がない場合は、水に代わるもので形式的に清めます。砂漠では、水の代わりに砂を使って清めます。

立ち上がる
礼拝には、基本となる4つの姿勢からなる一連の決まった動作があります。まず、その場に立ち、右手を軽く左手に重ねます。宗派によっては、両手をももにつける場合もあります。この姿勢で『コーラン』の最初の章の言葉を唱えます。

おじぎをする
次に深くおじぎをします。このとき両手をひざにつけます。そして、アラビア語で「偉大なるわが主に栄光あれ」と3回唱えます。深いおじぎをすることによって、神への尊敬の念や愛を示します。この動作や他の動作をする時は、メッカの方を向いて行います。

伏せる
ひざをついて座り、体を伏せます。これは、神が望めば何でもする用意があるという態度を見せる姿勢です。ひたいと鼻を床や地面につけ、両掌と指をメッカの方向に向けます。そして、「至高なるわが主に栄光あれ」と3回と唱えます。

正座する
正座の姿勢に戻ります。自分の足の上に座り、手はひざの上に置きます。こうして身分の低い奴隷の姿勢になり、「主よ、お許しください」と3回唱えます。最後に、頭を左右に向け、他の人々が神の恵みを受けられるよう祈ります。この手順を何回かくり返します。

22

この16世紀のペルシアの絵では、先生が子どもたちに『コーラン』を教えている。

礼拝用敷物

礼拝をする場所は、清潔でなくてはなりません。礼拝に使わなければならないものではありませんが、このような敷物を自宅で好んで使っている人もいます。敷物はウールや木綿、わらでなどでつくられています。敷物にはたいてい幾何学的なもようが描かれています。また、有名なモスクの絵がついたものもあります。しかし、人物が描かれているものは一切ありません。

『コーラン』を学ぶ

ムスリムは、『コーラン』の朗読を学びます。イスラム世界では、すべての子どもがアラビア語の文字を習い、『コーラン』に出てくる単語や文章の正しい発音を学びます。男女ともに、多くの人々がこの聖典のすべてのページを暗記します。すべて暗記をした人は、ハーフィズと呼ばれます。すべてのムスリムにとって、『コーラン』の学習、朗読、暗記はとても大切です。

この礼拝用の敷物は、17世紀にムガール帝国がインドを支配したころのもの。羊毛と絹でつくられている。

左のトルコの細密画は、初期のモスクを建てている様子を表している。

最初のモスク

モスクという言葉は、ひれ伏す場所の意味をもつアラビア語のマスジッドからきています。世界最初のモスクは、622年にムハンマドがメディナに到着した直後、彼とその仲間によって建てられました。泥レンガの壁でできた大きな建物で、シュロの木の柱と、葉と泥の屋根で作られた開放型の玄関があり、各壁の外側には、ムハンマドと彼の家族のための小屋があり、中庭に通じる出入口が作られていました。

モスクの内部

どこのモスクも、きれいにそうじされた広間とメッカの方向を示す表示があります。礼拝堂は広く、風通しがよく、ミフラーブというアーチ型のニッチ（花、像などを飾る壁のくぼみ）が正面の壁につくられています。これに向かい合って立つと、メッカの方を向いていることになります。ミフラーブには美しい装飾がほどこされており、右側にはミンバールという説教壇があり、指導者の説教が行われます。

ダマスカスのグレートモスク

ダマスカスのグレートモスクは、現在残っている石造りのモスクでは世界最古のものです。ダマスカスがウマイヤ帝国の首都であった715年に完成しました。この建物はもともとキリスト教の教会で、内部に洗礼者ヨハネの首がおさめられているといわれる聖堂があります。このモスクの礼拝堂はたいへん広く、アーチ型のアーケードに囲まれた中庭もかなりの広さがあります。このモスクはイスラム世界のあらゆる地域で手本とされました。

グレートモスク入口のアーチの上には、美しい景色のモザイク画が描かれている。

アジアのイスラム教

イスラム勢力は711年、南下してインド亜大陸にわたりました。アラブ人の侵略者は、この時インダス川河口のシンド王国を占領しました。1000年にはガズナ朝が再び攻め入り、発展を続けていた都市デリーに権力を移しました。このデリー＝スルタン王朝は、16世紀に別のムスリムがムガール帝国を築いたとき、滅ぼされました。その間も、イスラム教は貿易商人によって、東南アジアに広がりました。彼らは夏の季節風を利用してベンガル湾から南シナ海まで航海し、東南アジアまで進出しました。現在のパキスタン、バングラデシュ、インドネシア、マレーシアでは、イスラム教が主な宗教となっています。

マフムトは芸術を奨励した。上の図は彼が宮廷で詩を聞いて楽しんでいるところ。

伝統的なイスラムの物語を、典型的なヒンズー様式で描いた細密画。14世紀の写本のさし絵のひとつ。

ガズナ朝のマフムト

ガズナ朝のマフムト（971～1030）は西暦1000年、17回にわたるインド侵略の第1回目を実行しました。マフムトはガズナ朝3代目のスルタンで、現在のアフガニスタンにあたる地域を支配しました。彼の兵隊の多くは、ペルシアで使われていたトルコ人奴隷でした。マフムトは、宮廷内に多くの科学者や言語学者などを招き入れました。

ムスリムとヒンズー教徒

1200年、ガズナ朝のマフムトと同じくアフガニスタンのムスリムであったゴール朝のムハンマドは、反抗するヒンズー教徒を制圧し、2つの大河のそばに広がる平野、インダス川の西とガンジス川の東を占領しました。ムスリムとヒンズー教徒は、何世紀もの間、領土をめぐって争いを続けましたが、結果的には両方の文化と伝統がほどよくまざり合うことになりました。

科学技術

イスラムがインド大陸におよぼした影響の中に科学技術がありますが、その多くは、ムスリムの支配下にあったペルシアから南に伝わりました。インドでは、数百年前からすでに灌漑農業が行われていましたが、ムスリムはラクダを使った水車による灌漑技術（上）を伝えました。この他、紙、火薬、アーチ建築の技術が伝えられました。

デリー＝スルタン王朝

ゴール朝のムハンマドがなくなると、クトゥブ・アディーン・アイバクという名のトルコ人奴隷が独立し、デリーの小さな要塞の町にイスラム王朝を建てました。町はまたたく間に都市に発展し、その後数百年もの間政治の中心地となりました。最盛期には、デリー＝スルタン王朝はシンド（現パキスタン）からベンガル（現インドとバングラデシュ）のすべての地域を支配しました。

高さ73mのクトゥブ・ミナール尖塔は、デリーにあるモスクの横に、その土地の砂岩でつくられた。1199年に完成したこのモスクは、当初ヒンズー教の寺院のあった場所に建てられた。

マレーシアとインドネシア

1295年以降、スマトラの北岸にあるサムドラは、イスラム布教の重要な中心地となりました。旅行者の記録によると、スマトラでは14世紀の中頃まで、ムスリムの共同体がいくつか栄えていたということです。また、都市国家のメラカは、スマトラやインドネシアの他の島に影響をおよぼしました。

インドからの航海

14世紀まで、マレー半島とスマトラ島（現インドネシア）にはさまれたマラッカ海峡は、インドと中国の間を航行する商人の主な航路でした。都市メラカは1400年頃つくられ、その後すぐに東南アジアでもっとも栄えた港となりました。この都市国家の支配者であるマレー王子パラメシュバラは、1413年にイスラム教に改宗しました。

クアラカンサーのモスク（北西マレーシア）。

ジャワ

1400年ごろにムスリムが初めて到着した時、ジャワ島には、数多くの王朝が存在していました。1478年、ジャワの王朝マジャパヒトはイスラムに征服されましたが、地方にあった宮廷や慣習などはそのまま島内に残されました。17世紀初め、スルタンのアグンがジョグジャカルタ市中心にモスク建築を進めましたが、完成までに100年以上もかかりました。

『コーラン』を学ぶマレーシアの子供たち。現在、マレーシア国民の半数以上、またインドネシアではほとんどの国民がムスリムである。

この絵はムスリムの指導者ディポネゴロ。ジャワの貴族やオランダの入植者との聖戦を指揮した。ジャワでのイスラム布教に重要な存在だった。

ボルネオ

ムスリムがスマトラの東にあるボルネオ島に着いた当時、ブルネイ王国が北岸を支配していました。現在のボルネオ島はマレーシア、インドネシア、そして小国家のブルネイの3つに分かれ、ブルネイはスルタンの統治国となっています。スルタンはブルネイの支配者であり、石油と天然ガスが豊富なため、世界で最も裕福な人物といわれています。

アラブ人に嫁ぐ中国人の花嫁を描いたペルシアの細密画。少数派だが、中国には約1800万人のムスリムがいる。

スーフィー

スーフィーは、神と密接で個人的な関係を求めるイスラム教の神秘主義者をさしています。スーフィーという言葉は、アラビア語で羊毛を意味するスーフからきています。神秘主義者が羊毛でできた質素な服を着ていたことから、このように呼ばれるようになりました。スーフィーは独立した宗派ではなく、イスラム教のスンニ派またはシーア派に属します。なかには特別な導師に従っているスーフィーもいます。12世紀に多くの集団が誕生し、イスラム教の布教に貢献しました。偉大なムスリムの詩人の多くがスーフィーになりました。

デルヴィーシュは、くるくる回ることで、太陽のまわりを回る地球や他の惑星を表していると言われている。

音楽と踊り

他のムスリムと違い、スーフィーは高い意識に達するために音楽と踊りを利用します。彼らはタンバリン（左）やふえなどの楽器を使い、一定のリズムをつくります。デルヴィーシュ（ペルシア語で貧乏人を意味する）と呼ばれる宗派は、アラーとひとつになるために、くるくる回り続け、トランス状態になります。

18世紀にベンガル人が書いたフワージャ・ヒズルの絵。おぼれた人々を助けたと言われる。

イスラム以前の宗教

初期のスーフィーは、イスラム以前から伝えられていた何百もの昔話を知っていました。昔話とそこに登場する人物は、口で伝えたり書きとめたりして守られてきました。イスラム以前の異教はムスリムの伝統に吸収されましたが、異教のひとつに、フワージャ・ヒズルの教団がありました。彼は、紀元前2000年以前に、メソポタミア南部でつくられた『ギルガメシュ叙事詩』に初めて登場しています。北インドからトルコにいたる地域で、フワージャ・ヒズルは春、豊かさ、幸福を連想させる象徴とされていました。

13世紀のスーフィー、ルーミーによる詩『マスナヴィー』から引用された象の物語。

動物のシンボル

スーフィーの詩人の作品には、実在する動物と架空の動物の両方がシンボルとして登場します。子象を食べてしまった欲ばりな男を、母親象（上）は鼻で投げ飛ばして殺し、審判を下しました。これは正義のシンボルとして描かれています。また、架空の鳥シムルグは、神とひとつになりたいというスーフィーの願いを象徴しています。これは、シムルグと呼ばれる鳥の王様に会うために危険な旅に出た鳥が、じつは自分自身がシムルグだったと最後に気づくというものです。

13世紀に書かれたシムルグの詩をもとに、15世紀に描かれた絵。

26

偉大なスーフィーの詩人ルーミーに、牛が頭を下げたというふしぎな物語を描いた16世紀の絵。

偉大な詩人

多くのスーフィーは、偉大な詩人であり、詩を通じてイスラム世界全体に影響を与えました。ジャラール・アル・ルーミー（1207〜1273）もその1人です。彼は、コンヤという地中海沿岸近くの町（現在のトルコ）に住んでいました。彼の息子は6歳で幻を見るようになり、のちにメブレヴィー教団（踊るデルヴィーシュ）の基礎を作りました。

神への祈りに数珠を使う女性。

女性の神秘主義者

スーフィーのならわしでは、女性でも神秘体験が可能だとされていました。神秘主義者として有名な女性は2人います。1人は豊富な知識と厚い信仰で有名なサイーダ・ナフィサ（824年死亡）で、ムハンマドの孫ハサンの直系子孫です。もう1人はラビア・アル・アダビア（721〜801）です。彼女は神に一生をささげた奴隷の少女で、神への愛を詩で表現しました。

物乞い

スーフィーは、現世での所有物をすべて手放し、貧しい修道生活を送ることが必要だとしていました。彼らは物乞いをしなくてはなりませんでした。左の絵は15世紀のもので、動物の毛皮を着たスーフィーの物乞いを描いています。

墓と神殿

スーフィーの墓と神殿は、巡礼者が訪れる場所となり、それらは今も残されています。そのひとつに、1089年に亡くなったペルシア人スーフィーのアブドラ・アル・アンサリの墓があります。この墓は彼の死から4世紀後、現在のアフガニスタンにある町ヘラート近郊に建てられました。左の図は、アンサリの墓にかざられた美しい陶磁器の一部です。

アフリカ

スーフィーは12世紀までにアフリカで勢力を持ちはじめ、その後300年以上かけて、少しずつ南下しました。スーフィーの勢力が現在のマリにあたるティンブクトゥに達すると、そこでモロッコ人の神秘主義者アル・ジャズリ（1465年死亡）が、当時の人々に支持されていた教団の中心人物となりました。アル・ジャズリが書いた祈りの本の写しが広くこの地域に出回り、人々は彼の祈りの言葉を熱心に唱えました。指導的な立場にいたティンブクトゥ学者はスーフィーでしたが、彼らの家族はみな有力な商人でした。

北インドのアジメールにある白大理石で建てられたムイーン・アッディーン・チシュティの墓。毎年彼の命日になると、地元のスーフィー教団が彼に祈りをささげる。

チシュティー教団

スーフィーは13世紀に北インドに入り、チシュトの教団の人々によって広められました。ムイーヌッディーンはシスタン出身でしたが、広く旅した後、チシュティーと名のりました。デリーを訪れ、ヒンズー教の習慣に理解を示したため、彼と教団は受け入れられるようになりました。

27

ハッジ（巡礼）

ムスリムは、できる限りハッジと呼ばれる特別なメッカへの巡礼を行わなくてはなりません。巡礼の期間はズー・アルヒッジャ月の8日から13日の間と決められています。以前は数カ月、あるいは何年もかけてメッカを目ざしたのですが、今ではほとんどの巡礼者が、メッカから70kmの場所にあるジェッダ空港まで飛行機でやってきます。さまざまな国からやって来る何百万というムスリムは、この巡礼ですばらしい一体感を体験します。この巡礼のために、数年間貯金をする人もいます。また家族の代表としてひとりを送り出すこともできます。

男性の巡礼者は、2枚の布でできた質素な白い衣服を着なくてはならない。女性は質素でゆったりした衣服を着て、顔と手以外は見せないようにする。

この13世紀の陶製の板はハッジの月、つまりイスラム暦のズー・アルヒッジャの月、第12月を示している。

多くの巡礼者が、家族や友人と分け合えるよう、ザムザムの泉の水を家に持ち帰る。

巡礼には、メッカのグレートモスクから出発し、歩いて回る行程も含まれる。

巡礼の経路

巡礼者は最初にグレートモスク（1）に行き、カーバ神殿（2）の周囲を反時計方向に7周します。それからミナ（3）まで歩き、アラファトの山（慈悲の山）（5）の近くにあるアラファトの平原（4）に立ちます。そして、その夜をテント張りのキャンプ（6）で過ごした後、ムズダリファ（7）へ向かい、そこでミナの柱に投げるための石を拾います。

ザムザムの泉

ザムザムの泉はグレートモスクの中庭にあり、人々は巡礼の間、この水を飲みます。イサクの母ハガルが、砂漠の地面から水が湧き出るのを見たのがこの場所だと伝えられています。赤ん坊だったイサクが砂をけったのでハガルが「ザムザム（やめなさい）」と言い、泉の周囲に石を並べたと伝えられています。

28

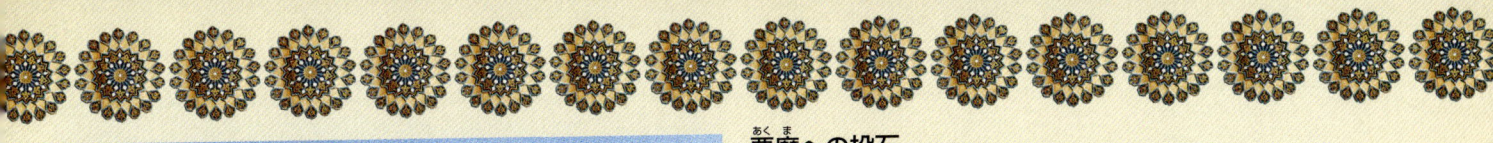

アラファトの山（慈悲の山）

巡礼者は、アラファトの山（慈悲の山）へ続く平原に集まります。ここは、632年にムハンマドが最後の説教を行った場所です。巡礼者は正午から夕方までここで瞑想し、祈り、神に礼拝します。山上で説教を聞くこともあります（上）。この場所は巡礼の中でも大変重要であり、ムスリムにとってはすばらしい神秘的な体験となります。

悪魔への投石

ミナの石柱は、アブラハムとイサクが神にそむくように悪魔に誘惑され、石を投げて追い払ったとされる場所です。メッカに戻る途中、巡礼者はこれと同じように柱（下）に向かって小さな石を投げ、当時のできごとを思い起こします。こうして巡礼者は、自分にも悪魔を追い払う勇気があることを示します。

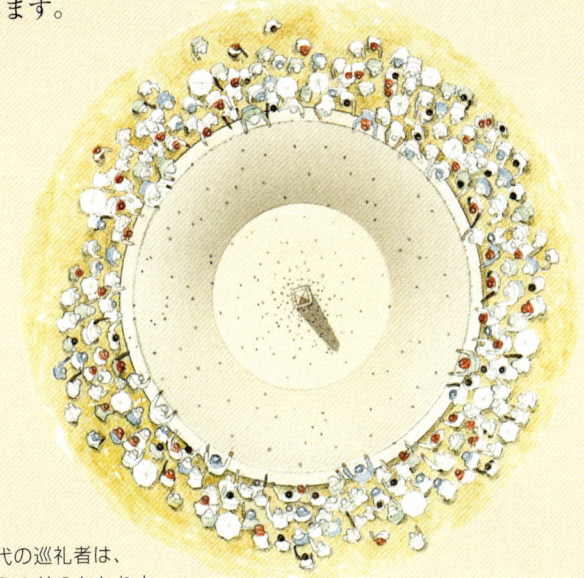

左：現代の巡礼者は、生けにえの羊のかわりとして切符を買う。

犠牲祭

犠牲祭はズルヒッジャ月の10日目から始まり、ムスリムは動物の生けにえをささげなくてはなりません。この儀式は、アブラハムが息子のイサクを生けにえにする覚悟ができたことを記念して行われるものです。息子を殺そうとした瞬間、神はアブラハムを制止して、代わりに羊を犠牲にしたのです。現在のメッカでは、屠殺した動物の肉は貧しい人々に分け与え、残りは冷凍保存します。

巡礼者がメッカとメディナにはるばる旅をしたことを証明する紙の切れはし。12世紀のもの。

ハジとハジャー

メッカ巡礼を終えた男性をハジ、女性をハジャーといいます。巡礼した人々は、このことを大いに誇りにしますが、『コーラン』には、健康で、あとに残す家族の生活費や自分の旅費の用意がある者だけが巡礼を行うべきだとしるされています。

この家の家族は、巡礼したことを示す絵を玄関の回りに描いている。

イスラムの帝国

16世紀初めに、西南アジアを含むイスラム世界に4つの勢力が台頭しました。トルコとその東側の地域のオスマン帝国、イラン（ペルシア）のサファヴィー朝、インドのムガール帝国、そしてトルキスタンにあるもっとも小さな連邦国ウズベクの4つです。ウズベク以外の3国は、とくに強大な力を持っていました。この3国の大都市であるイスタンブール、イスファハン、アグラは、富や文化をもっていました。もっとも強力な軍事力を持っていたオスマン帝国はヨーロッパに侵入し、神聖ローマ帝国の首都ウィーンを攻撃しました。ヨーロッパの人々の中には、オスマン帝国に大陸全体を征服される危機感をもつ人もいました。しかし18世紀までには、イスラムの帝国はことごとく衰退しました。オスマン帝国は東南ヨーロッパへと追いやられ、サファヴィー朝は打ち倒され、ムガール帝国も崩壊し、ウズベクはいくつかのハン国に分断されました。

オスマン1世（1258〜1326年）は、現在のトルコにあたる、小さなトルコ人の国を築いた。これが後に、オスマン帝国へと拡大した。

オスマン帝国

オスマン帝国が繁栄の頂点に達したのは16世紀前半で、もっとも偉大なスルタン（世俗的支配者）である、スレイマン大帝（左）の時代でした。その領土は北アフリカの大半と西南アジア、バルカン半島におよび、訓練された軍隊によって制圧されました。首都イスタンブールは、商品の取引で世界中から訪れる商人で活気にあふれ、帝国は交易路の交差する中心地となりました。

もっとも勝利をおさめたのは、トルコのオスマン帝国だった。ヨーロッパや北アフリカ、インドを征服したムガール帝国にまで進出した。

スレイマン大帝が在位中の1529年、オスマン軍はハプスブルグ帝国の首都ウィーンの占領に失敗した。1683年に再び大軍で突撃したが、惨敗に終わった。

勝利をおさめた各王朝

イスラムの帝国の支配者には、共通点があります。彼らはみな遊牧民族のチュルク族かモンゴル族の出身でした。全員がイスラム教徒で、教育を受けた者は、イスラムの言葉であるアラビア語を話しました。ペルシア語もムガール帝国とオスマン帝国、イランの宮廷内で話され、詩人の作品に使われました。

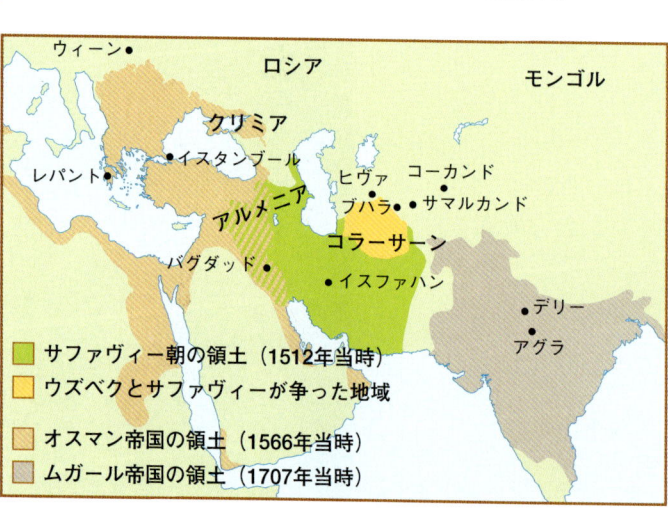

ウズベク族

ウズベク・ハン国は、ムガール帝国と同様、チンギス・ハンとチムールの系統をひいています。1500年頃、彼らはウズベク族の連合国を建設しました。肥沃な地域コラーサーンをめぐってサファヴィー朝と戦い、ムガール帝国ともぶつかりました。しかし中央集権制はいっさいとり入れず、17世紀になるといくつかのハン国に分かれました。

チムールの彫像。

チムールの都サマルカンドは、中央アジアでもっとも美しい宗教と文化の中心地のひとつ。厳格なスンニ派のウズベク・ハン国が統治していた。

行動力と先見力にすぐれていたアッバース大帝。美しい都市イスファハンを建てた。

サファヴィー朝

サファヴィー朝の全盛期は、シャー・アッバース大帝（1588〜1628在位）の時代でした。彼が再編成した軍隊がウズベクを追い払い、オスマン帝国に奪われた領土を取り戻し、バグダッドも攻め落としました。さらに、アッバース大帝はアルメニア人の商人を特別に保護し、産業や輸出の管理を奨励し、発達をうながしました。また、都のイスファハンに、幻想的な装飾をほどこしたモスクやマドラサ（イスラム教の神学校）、宮殿を建設しました。

ムガール帝国

ムガール帝国は1526年、バーブルによって建てられました。しかし、彼の孫アクバル（右）の代になるまで国は安定しませんでした。ムガール帝国でもっとも活躍したアクバル大帝は、宗教の自由という他国にない方針を打ちたてました。当時のイスラム世界やヨーロッパのキリスト教徒から見れば、宗教の自由という政策は、前代未聞でした。

詩を読むムガール帝国の創始者バーブル。

イスラム帝国の衰退

17世紀になると、イスラム世界の勢力がおとろえてきました。オスマン帝国は、数世紀もの拡大の結果、貧弱な行政や出費がかさむ戦争、物価の暴騰によって国が衰え、国を守ることしかできなくなりました。その後、サファヴィー朝のアッバース大帝も、再びイランでの支配力を失い、イスラムの支配した帝国はすべて、国民の反逆にあいました。

同じ神を信仰していても、国と国の争い、とくに、シーア派のサファヴィー朝とスンニ派のオスマン帝国の争いは避けられなかった。

スレイマン大帝の後を継いだオスマン帝国のスルタンは、あまり働かず、宮廷内でぜいたくな生活を送るだけでした。これが政府の力の衰退や帝国の崩壊につながりました。

31

イスラムの芸術

初期のアラブ系ムスリムの間では、独自の芸術はほとんどありませんでしたが、他の地域を征服していくにつれて、新しい文化を吸収するようになりました。このようにしてとり入れた文化がひとつになり、イスラム特有の芸術と建築様式が形づくられました。人間を含めた生物の像を絵や彫刻で表すことが制限され、イスラム様式は大きな影響を受けました。イスラム教の指導者は、芸術家がそのような像を創造することで、神を模倣することになると考え、人々がそのような像を崇拝することも恐れたのです。芸術家はすばらしい幾何学模様を生み出し、それがイスラム芸術全体の特色となりました。

この八角形の銀皿は、9世紀から10世紀のもの。神秘的なシムルグ鳥が円状に描かれている。

デザインの題材

イスラムの芸術では、さまざまな物に同じ模様がしばしば使われました。このような模様は、もともとおり物のために生み出されたものですが、金属製品や陶器、ガラス製品や建物にまで使われるようになりました。これが10世紀頃からイスラム世界全域に広がったアラベスクという模様です。アラベスクとは、まがりくねった草木のくきや抽象的な葉が描かれた唐草模様の装飾をさします。

作業をしている伝統的なイスラム書記。

スペイン、コルドバのグレートモスク西門の壁に描かれた、あざやかな幾何学模様。

書物

書物はつねに、イスラムの文化にとって重要な役割をはたしてきました。『コーラン』の手書き本は美しい文字で書かれ、唐草模様や花模様で飾られました。

宗教建築

ペルシアやトルコのモスクの最大の特徴は、大きなドームです。北アフリカやスペインのモスクの多くは、美しいタイルでおおわれています。スペインのコルドバにあるグレートモスクは、花崗岩、碧玉、大理石で組んだ千本以上のアーチ型の柱で支えられています。その後建てられたモスク、たとえばイスタンブールのブルーモスクなどは、ドームや塔の数が増え、さらに複雑な構造になりました。

カリグラフィー

カリグラフィーは美しい手書き文字の芸術で、イスラム芸術の大きな特徴です。右から左に読み書きするアラビア文字は何種類かあり、クーファ体（右）は、もともとイラクのクーファという町で使われており、直線的で幾何学的な文字です。ネスヒー体の文字は丸みがあり、ナスターリーク体は文字が傾斜しています。

オスマン帝国のスルタン、スレイマン大帝（1494〜1566）の正式なサイン。

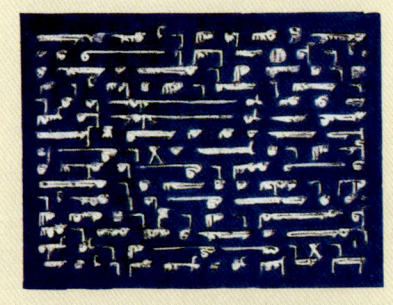

クーファ体で書かれた9世紀のイスラムの文書。

イスラム初の硬貨は7世紀に造られた。696年、ウマイヤ朝カリフ、アブド・アル・マリクの支配下で鋳造されたディナール金貨の裏と表。

金属細工

イスラム教の指導者は、貴重な金属を使うことを快く思わなかったので、職人は主に青銅や真鍮を使いました。彼らは金属に彫り込みや浮き彫りをほどこし、文字や図柄に金や銀、銅を少し使うこともありました。現在のイラクとトルコとの国境に近い町モスルは、金属製品生産の中心地でした。金属製品は、ムスリムによって売買されるようになりました。

968年に作成されたコルドバ産の物入れ。二人の男性がリュートの演奏を聞いているようですが精巧に彫られている。

10世紀か11世紀ごろのペルシアの香炉。

陶器の製造技術

イスラムの陶器職人は、9世紀頃から独自の技術を開発しました。彼らは陶器に彫り込みや絵を入れたあとに、さまざまな色のうわぐすりを塗る方法を生み出しました。その後中東とスペインでは、青または白の光沢のあるうわぐすりに金属を含んだ顔料を塗った、ラスターと呼ばれる陶器を生産するようになりました。モスクを飾るタイルやモザイクにも、これと同じような技術が採用されました。

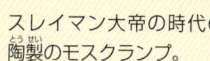

スレイマン大帝の時代の陶製のモスクランプ。

ムガール人の芸術

16世紀頃、北インドのムガール帝国では、皇帝が芸術を奨励したことによって、独自の様式が発展しました。そのもとになったのは、初期のペルシア芸術でした。ムガール人は色使いの名人で、さまざまな色の石を建築物に使いました。光沢のある白大理石を光の反射に使い、それと逆の効果を出すために赤砂岩を使いました。トパーズやカーネリアンなどの高価な石が、宝石のような質感に見せるために散りばめられました。

このパネルの中の白大理石は、色つきの半宝石がはめ込まれている。デリーのレッド・フォートの謁見室のもの。レッド・フォートは1638年から1648年にかけてムガール人によって建てられた砂岩の宮殿。

宮殿と墓

初期のムスリムのカリフ（指導者）は、砂漠に分厚い壁と高い塔をもつ石造りの宮殿を建てました。その後、化粧しっくいでおおわれたレンガを使った、ドーム型の宮殿が建てられました。現在、このような宮殿はほとんど残っていません。現存するものでは、スペインのムーア人の宮殿と、インドのムガール人の宮殿が有名です。14世紀に建てられたグラナダのアルハンブラ宮殿には、アーケードに囲まれた日当たりのよい中庭が造られています。ムガール人は巨大で贅沢な墓も建設しました。

北インドに近い都市アグラにあるタージ・マハルは、2万人以上の労働力と18年の歳月をかけて建設され、ムガール帝国の皇帝シャー・ジャハンの妻の墓として1853年に完成した。

イスラム国家の出現

17世紀から18世紀にかけて、ムガール帝国、オスマン帝国、サファヴィー帝国を含む強大なイスラム勢力は、しだいに衰退していきました。これらの国は国力が弱まったうえに、台頭してきたヨーロッパ諸国との戦争に負け、領土を奪われました。その後17世紀から20世紀初頭までの間に、ヨーロッパの国々は次々とイスラム世界の多くの地域を植民地にしていきました。しかし1920年代以降、しだいに中東やアジアの各国が独立を要求するようになり、現在のイスラム国家が誕生しました。

この絵は、ボスニア＝ヘルツェゴビナをオーストリア＝ハンガリー帝国に奪われ、ブルガリアも独立してしまったため、オスマン帝国のスルタン、アブドル・ハミド2世（在位1876～1909）がどうすることもできずに、いらだっている様子を表わしている。

オスマン帝国の衰退

19世紀になると、オスマン帝国は小さく弱い国になりました。スルタンのなかには、国の改革と近代化をはかろうと努力した人物もいました。セリム3世（上）もそのひとりで、軍隊の近代化につとめました。やがてオスマン帝国は、国内の反対勢力とヨーロッパやロシアの勢力によって打ち倒されました。

ヨーロッパの拡大

ヨーロッパは残忍なやり方で植民地を広げ、アジアや中東の多くの地域、アフリカのほぼ全域を植民地化しました。当時のヨーロッパはただ戦争に勝って領土を広げただけではなく、政策や社会体制も指導者達の手本となり、広がっていきました。ムスリムは自国を守るために、ヨーロッパをまねて近代化をはかったのです。

エジプト

ムハンマド・アリー（左、1769～1849）は1805年から1848年の間、オスマン帝国のエジプト総督として活躍しました。彼はヨーロッパにならい、エジプトの近代化につとめました。1882年、イギリスはアラブの反乱を鎮圧した後、エジプトを占領しました。エジプトは1922年に独立をはたしましたが、1954年までイギリスの影響を受け続けました。

ムスタファ・ケマルは、のちにトルコの父を意味するアタテュルクという名で知られるようになった。

近代のトルコ

第一次世界大戦（1914～1918）後、連合国軍はイスタンブールを占領し、オスマン帝国の名ごりを解体しました。スルタンは1992年に退位させられ、かわりにムスタファ・ケマル（1881～1938）によって議会が制定され、1923年、共和国としての宣言を行い、ケマルが初代大統領となりました。

ペルシア

ペルシア（現在のイラン）は1925年まで、カージャール朝の国王（シャー）が支配する独立王国でした。しかし19世紀中にヨーロッパからの影響を受けるようになり、1906年には新たにヨーロッパ流の憲法が制定されました。

ファトフ・アリー（左、1797～1834）は、ペルシアがまだヨーロッパの圧力を受けていなかったころの最後の国王。

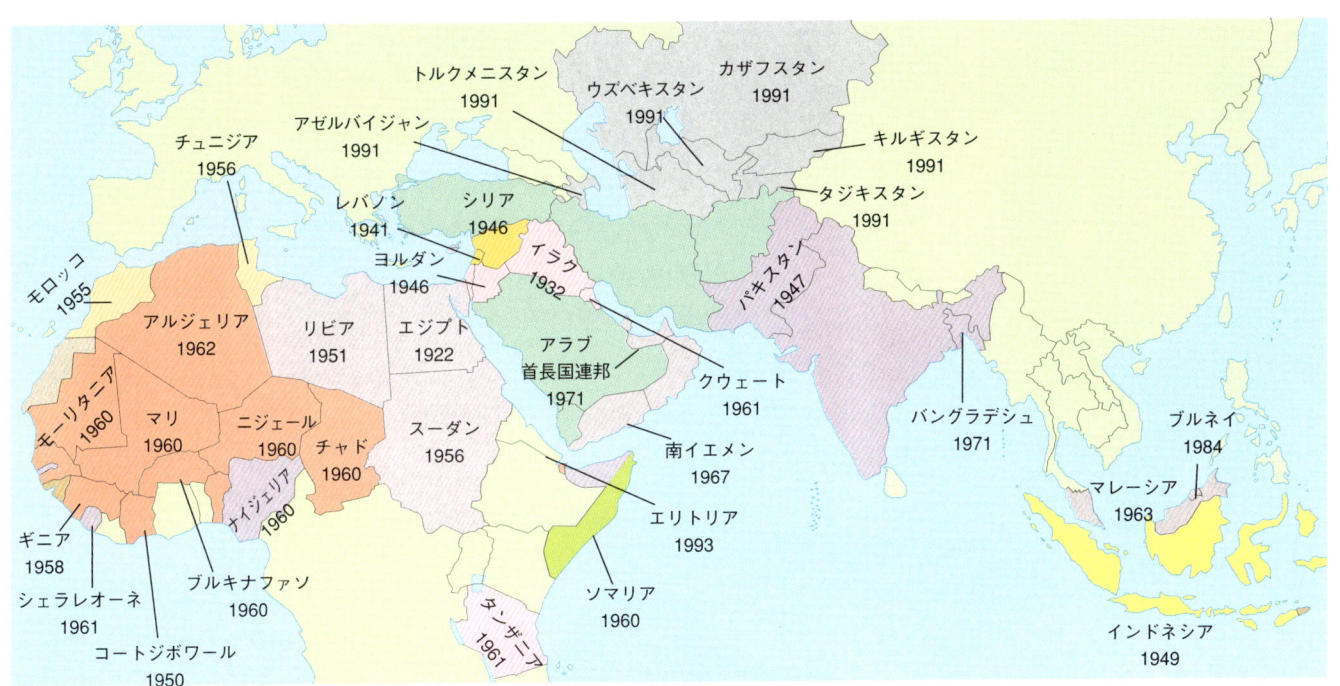

世界のイスラム国家を示した地図。数字はヨーロッパの植民地政府から独立した、あるいはヨーロッパの圧力から脱した年。

パキスタンとバングラデシュ

インドの独立が近づいた1940年、ムスリム連盟という組織が、インドのムスリムのための国をつくる運動を強力におし進めました。パキスタンは1947年、離れた2つの地域としてつくられ、1972年に東側の地域がバングラデシュとして独立しました。現在パキスタンのムスリム人口は97％、バングラデシュでは88％、インドでは11％となっています。

植民支配からの独立

第二次世界大戦後、イスラム世界のほとんどの国が独立をはたしました。最初に独立した国の多くは、世俗国家（無宗教の国）となり、ヨーロッパ流の憲法と法律を制定しました。

1952年、アブド・アル・ナセル中佐はエジプトでの実権を握った。イギリス軍はその2年後にエジプトを退去した。エジプトのこの成功は、周辺諸国に、植民支配者を追放する勇気を与えた。

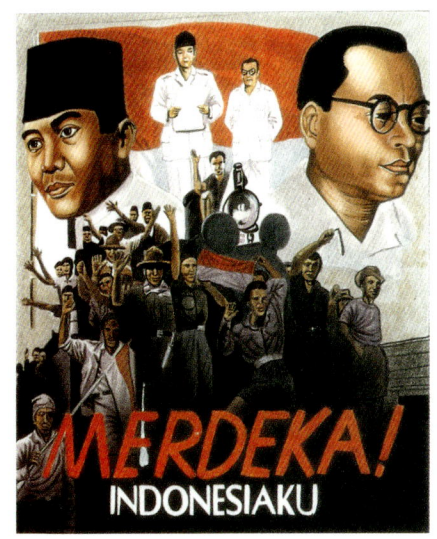

インドネシア

インドネシア共和国は、1798年から1945年までオランダの植民地で、オランダ領東インド諸島と呼ばれていました。第二次世界大戦後にスカルノ博士が共和国としての独立を宣言しますが、1949年まで、正式な独立は実現しませんでした。現在のインドネシアは、世界でも類のないほどムスリムが多い国となっています。

イスラムへの回帰

パレスチナでのイスラエルの建国をはじめとする出来事への反発から、1950年代から1960年代にかけて、アラブナショナリズム運動が活発化し、多くの国が、イスラム教にもとづいた法律と価値観へと回帰しました。

1979年にイランの国王（シャー）が追放されると、アヤトラ・ホメイニ（左）が指導者の座についた。彼はひじょうにきびしいイスラム教にもとづいた法をとり入れ、西洋の衣服や政治、習慣などの影響を国内から排除した。

35

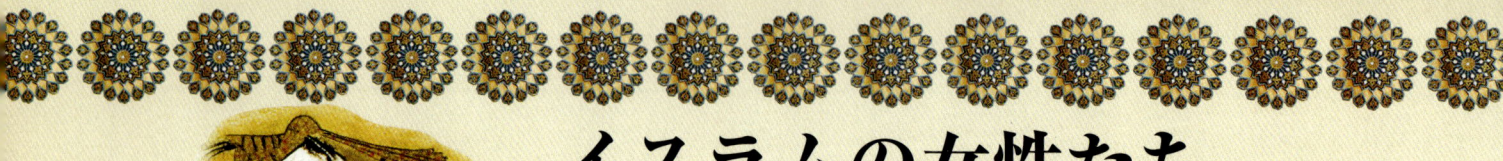

イスラムの女性たち

昔からイスラム社会では、女性の役割は妻として家庭を守ることだと考えられてきました。結婚する女性は、持参金を自分の財産として持つ権利を与えられています。結婚生活がうまくいかず、それが苦痛となる場合は、離婚することもできます。最近は、多くの女性が結婚前に学業や仕事に打ち込み、男性と対等であるべきだと考えるようになりました。彼女たちは、伝統的なイスラムの原則に従いながら現代社会で活躍することも可能だということを証明しています。

この絵は1600年頃のもの。イスファハン（現在のイラン）の優雅な女性が手紙を書いているようすを描いている。

女性の役割

イスラムの伝統は、さまざまな方法で女性の暮らしを向上させてきました。『コーラン』には、すべての女性が敬われ、保護されなくてはならないとしるされています。男性は女性に対して、つねに礼儀正しく、親切でなくてはなりません。男性は家族に食糧や住まいを提供する責任が、女性は家庭内のさまざまなことを管理する責任があります。ムスリムの世界ではこのような習慣が根強く残っていましたが、教育を受ける権利は男性と同等に与えられ、中世の時代にも、学識のある女性は多く存在しました。

スーダンとエチオピアのラシャイダ族の女性は、誰もがブルダと呼ばれる伝統的なベールをつけている。

伝統的な衣装

『コーラン』には、女性は慎み深い服装をしなくてはならないとしるされています。イスラムの国々では、女性はチャドルと呼ばれるマントのような黒い衣服を身につけ、顔だけを出します。さらに、顔をヒジャーブというベールで隠す女性も少なくありません。

自宅からの外出

何世紀も前、とくに都市では、女性の外出はめったに許されませんでした。10世紀のバグダッドでは、町の通りを女性が歩いてはいけないとされていました。しかし16世紀のこのペルシアの絵（左）には、家の外で友人同士楽しく過ごす女性が描かれています。これは、女性が市内の美しい庭園でピクニックの準備をしているようすを表しています。

現代の衣服

最近では、多くのムスリム女性が伝統的で質素ながらも現代的な衣服を身につけるようになりました。女性は性差別に反対し、平等な社会を願う一方で、西洋の衣服は慎みがなく、品位を落とすと考えています。ムスリムの女性は、女性らしくしとやかな服装を心がけています。

カイロにある店のショーウィンドウに並ぶマネキン。現代のムスリム女性のためにデザインされた流行の服を着ている。

これは16世紀のペルシアの絵。モスク内の他と離れた場所に、女性が座っているようすを描いている。

家族
ムスリムの男性は4人まで妻を持つことが許されていたので、妻にとって子どもを産むことはひじょうに大切なことでした。男性が家族に満足していて、跡とりの息子がいる場合は、さらに別の妻をめとることはできません。イスラム社会では、子ども、とくに男の子を産んだ女性は、周囲から尊敬されます。子どもは、自分の母親を尊敬し、母親に従うようにしつけられます。

モスクの中で
イスラムの世界でも初期の頃は、女性もふつうにモスクへ礼拝に通っていましたが、すぐにその習慣はなくなりました。今日では、女性の多くはモスクへ行かずに、自宅で礼拝をしています。幼い子どもがいる女性は、このほうが都合がよいと感じています。モスクで礼拝したいときは、男性の後ろに列を作って並ぶか、女性専用の区域に入ることになっています。

1569年、ムガール帝国アクバル大帝の妻の1人が、長男サリムを産んだことを祝っている。

遊牧民族
アラビア砂漠やサハラ砂漠に暮らす遊牧民のベドウィン族は、ムスリムで、大きなテントに住み、女性の部屋は、あざやかな色の糸で織られたカーテンで男性の部屋と仕切られています。ベドウィンの女性は、持ち運びしやすい軽量のスピンドル（糸をつむぐ道具）と簡素な織機を使い、すばらしい技術で羊毛の織物を織り上げます。娘たちは、子どものうちに母親からこの技術を習います。

ベナジール・ブット女史は、初めての子どもを出産後、わずか3カ月でパキスタンの指導者となった。

仕事
ムスリムの多くは、女性にも働く権利はあると考えています。しかし、かならずしも仕事をしなくてはならないというわけではありません。現在では多くのムスリム女性が大学で学び、兄弟と同様の学歴と才能を持つようになりました。女性たちは専門職につくことを希望し、職場では敬意をもって扱われる権利を持っています。

しとやかに装うため、頭にスカーフを巻いたエジプトの若い女性。科学研究の場でも、ムスリムの伝統を守っている。

政治
20世紀の終わり頃、ムスリムの女性は、政治の分野できわめて大きな進歩をとげました。党の創設者の娘ベナジール・ブット女史が1988年にパキスタンの首相に選ばれ、ムスリムの国で初めての女性の指導者となりました。彼女に続いて、1991年にはカレダ・ジアがバングラデシュの女性首相に選ばれ、1993年にはタンス・チルレルがトルコ初の女性首相に就任しました。

イスラムと欧米社会

20世紀最後の25年の間、よりよい仕事や教育、政治、宗教の自由を求める人々の世界的な動きのなかで、ヨーロッパやアメリカに移住するムスリムの数も増えていきました。ムスリムの移住者は地域共同体をつくり、ムスリム同士で集まり、礼拝する場所としてモスクやコミュニティセンターを建設しました。一部の地域では、一夫多妻（ひとりの男性が複数の妻を持つこと）といったムスリムの生活様式を理解できない、または受け入れられない地元住民との間に問題が生じました。ムスリムも、欧米の世俗社会に溶けこむことに苦労しています。ともに平和に暮らしていくためには、あらゆる地域の人々が寛容になり、考え方や生活様式が違っても互いに尊重し合うことが必要です。

西ヨーロッパのムスリム

1950年代以降、ムスリムは西ヨーロッパに移住するようになりました。当時のヨーロッパは経済が急成長し、多くの労働力を必要としていました。いわゆる外国人労働者の多くは、出稼ぎ先の国に溶け込み、契約が切れても祖国に帰ろうとしませんでした。

イスラム世界とヨーロッパの間には、貿易で密接なつながりがあった。右の絵は、15世紀のダマスカスで、イタリアのベニス大使館が受け入れられていたことを示す。

地方文化の高まり

ムスリムの移住者とその共同体は、彼らの言葉、信仰、食べ物、音楽、ものの見方などを持ち込むことによって、移り住んだ地域の文化を豊かにしました。異なる文化を持つ人々が接すると、それが刺激となって、よりよくお互いを理解し、受け入れられるようになります。

イスラムの教育

欧米に住むムスリムの親の多くが、子どものためのイスラム教育の場を見つけることに苦心しています。公立学校の教育を受けると、イスラムに反感を持つようになると心配する人もいます。北アメリカでは、イスラム系のセンターが運営する学校や青年団体が現在1500カ所以上あります。また、さまざまな州で認可された宗教学校は100カ所以上にのぼります。

北アメリカのイスラム

北アメリカのイスラム共同体は多種多様で、世界のありとあらゆる地域から移ってきた人々で組織されています。初期の移民達は1875年頃に、シリア、レバノン、ヨルダン、パレスチナからやってきました。1960年代に移民法が改められると、さらに多くのムスリムがバングラデシュ、インド、パキスタンからやってくるようになりました。600万人にのぼるアメリカ国内のムスリムのなかでも最大なのは、ネイション・オブ・イスラムの指導者エリヤ・ムハンマドの教えによって改宗した、アフリカ系アメリカ人の団体です。

マルコム・エックスはイライジャ・ムハンマドの弟子であり、1965年に死亡するまでネーション・オブ・イスラムの有力な指導者だった。

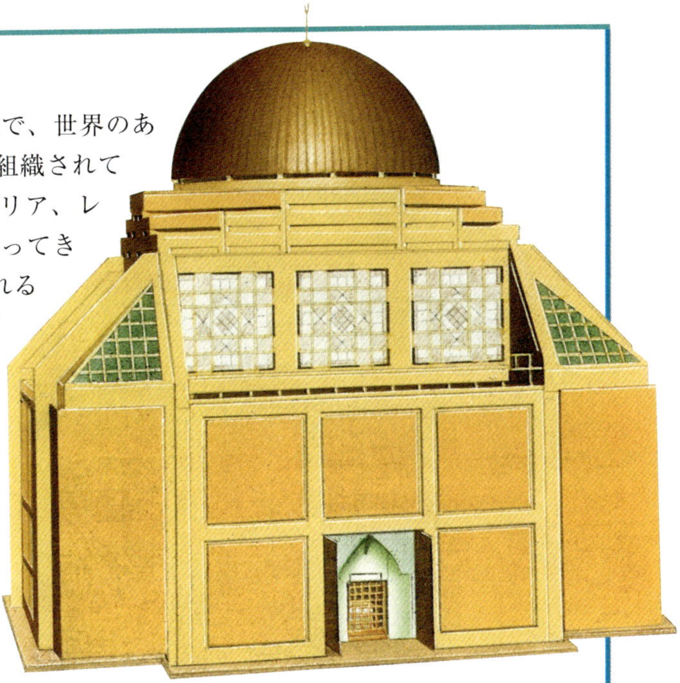

欧米のイスラム共同体は、さまざまなタイプのモスクやコミュニティセンターを数多く建設した。その1つに、ニューヨーク・イスラムセンター（上）がある。このセンターは、マンハッタンの東側地区にある。

政治と経済の問題点

中東は世界で最も石油が豊富な地域で、そのほとんどは欧米に輸出されています。1973年、中東のイスラム諸国は石油の価格をつり上げました。イスラエルを支援したアメリカをこらしめるためでした。1970年に1バレルあたり3ドルだった原油価格が、1980年には30ドルになりました。欧米ではこれが原因で経済が悪化し、中東に対する反感が強まりました。1990年にイラクがクウェートを侵略すると、アメリカの率いる連合軍はイラクとの戦争を宣言し、石油の豊富なクウェートが、イラクに支配されないように阻止しました。

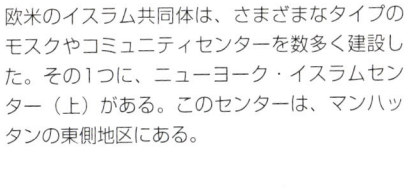

急激な石油の値上がりは、欧米の景気を減退させた。

寛容（かんよう）と不寛容

1989年、イランの指導者アヤトラ・ホメイニは、作家サルマン・ラシュディの小説『悪魔の詩（うた）』がイスラムを冒（ぼう）とくしているとして、彼の首に報奨金（ほうしょうきん）をかけました。ラシュディはその後約10年間、身を隠さなくてはなりませんでした。また、他の国でこの本の出版にかかわった翻訳者や出版関係者は、イスラムの過激派によって暗殺されました。

「砂漠の嵐」作戦で地面に伏せるアメリカ兵（クウェートにて）。

39

イスラムの行事

イスラムの暦には、重要な行事が2つあります。ラマダン月の断食の終わりと、メッカへの巡礼です。イスラム諸国では、この2つの行事の際に祝日を定めています。その他にも、1年を通してムハンマドの人生の出来事をたたえる行事がいくつか行われます。それぞれの行事の間、ムスリムは一堂に集まり、神を讃美します。このような行事は、長い間会わなかった人と顔をあわせる特別な機会になります。大勢の人々がモスクや公園などに集まって祈り、ともに祝います。

赤ん坊の髪をそる父親。髪と同じ重さの金または銀を、貧しい者に与えるという習慣がある。

誕生

赤ん坊の誕生はうれしいことで、神からの贈りものと考えられています。家長が赤ん坊を抱き、右側の耳元でアザーン（礼拝前の呼びかけの言葉）をささやきます。そして親せきのなかでもっとも高齢の者が、愛情と服従を表すために、はちみつか砂糖を赤ん坊の歯ぐきにこすりつけます。

この図表は、イスラム暦AH（聖遷後という意味）1422年のイスラム年の各月と、西洋の暦の2001年から2002年との関連を示している。

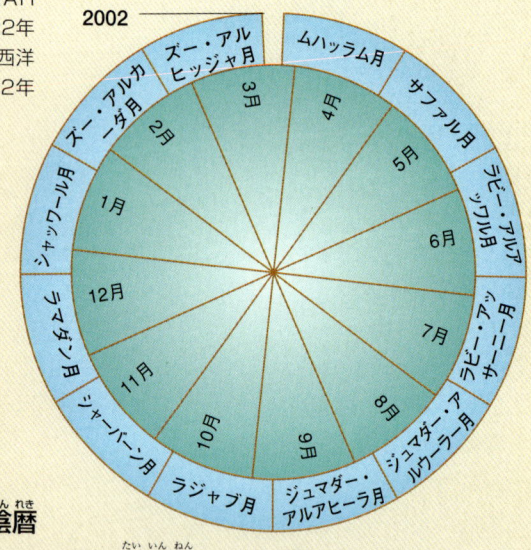

特別な衣装を身につけたムスリムの花嫁。

太陰暦

イスラム暦は太陰年にもとづいています。太陰年とは、月が地球のまわりを12回公転する期間をさします。西洋の暦よりも11日短いので、イスラムの暦では毎年季節や西洋の暦との関係がずれていくことになります。ムスリムは最初の月であるムハッラム月の1日にお祝いをしますが、他の宗教の新年のお祝いのようには重要視されていません。

結婚

結婚の儀式はモスク、または新婦か新郎の家で行われます。通常はイマーム（イスラム教指導者）が出席して『コーラン』の祈り言葉を読み上げ、証人の前で誓いを交わします。新郎と新婦は通常、式の前に結婚契約書にサインをします。儀式が終わると、お祝いのパーティーが開かれます。

ムハンマドの誕生祭

預言者ムハンマドの誕生日を祝う行事、マウリド・アンナビーは、第3月、ラビー・アルアッワル月の12日に行われます。西暦では、570年8月20日にあたります。この行事が初めて盛大に行われたのは13世紀で、その後急速にイスラム世界に広がりました。

40

カルバラの悲劇を描いた絵。この時、フサインがウマイヤ朝の軍に殺された。

右：「夜の旅」で、ムハンマドが天使ガブリエルとともに飛んでいるようす。

アシューラー

第1月ムハッラム月10日、シーア派ムスリムは殉教（じゅんきょう）の英雄フサインをしのび、アシューラーという祭典を行います。フサインはムハンマドの孫、そしてアリーの息子にあたり、シーア派は彼をムハンマドの真の後継者と考えています。フサインとその支持者達のほとんどが、680年に殺されました。シーア派の人々はこの祭典で、自分の体をチェーンでたたいたり剣で傷つけたりして、深い悲しみを表現します。

コーランを学ぶ。

ライラ・アル・バラト（満月の夜の祭り）

ラマダン月前月の満月の夜、つまりシャーバーン月の15日、多くのムスリムは夜どおしコーランを読んで過ごします。また、亡くなった親せきの墓を訪れ、祈ります。この祭をライラ・アル・バラトと呼んでいます。この日、神がムスリムの来年の運命を決めると信じられています。また、ムハンマドが断食の準備を始めた記念の日でもあります。

断食明けの祭

断食明けの祭り、イード・アルフィトルは、重要な祭りのひとつで、ラマダン月後の新月が見える日（シャッワール月）に行われます。人々は断食が明けたことを祝い、苦しい期間を乗り越えることができたことに感謝します。

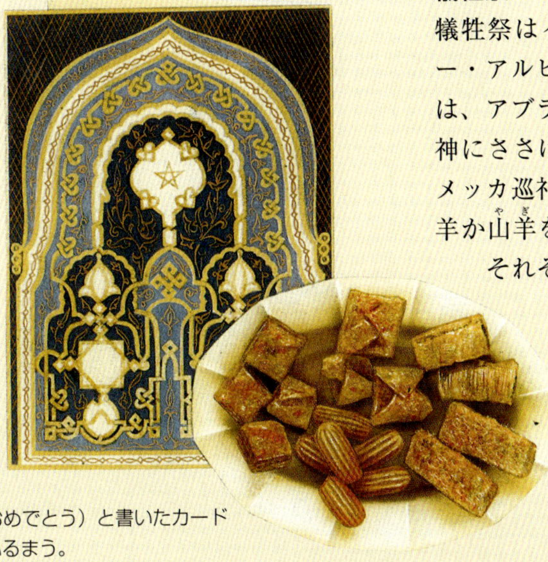

人々はイード・ムバラク（イードの祭りおめでとう）と書いたカードを互いに送り合い、特別な甘いお菓子をふるまう。

ライラ・アル・ミーラージュ（昇天の夜）

ラジャブ月27日、ムスリムはムハンマドが神のもとへ昇天した「夜の旅」を祝います。彼らはモスクに集まり、この特別な夜に思いをはせます。この夜の旅の際に、1日5回の礼拝が定められました。

ライラ・アル・カドル（威力（いりょく）の夜）

ライラ・アル・カドルは、ムハンマドが最初の啓示（けいじ）を受けた「威力の夜」を祝う祭典です。この祭典はラマダン月の最後の10日間に行われますが、啓示を受けた夜は27日とされています。『コーラン』は、この夜を1000カ月以上に相当すると述べています。

ライラ・アル・カドルの祭りでは、人々はひたすら祈りをささげる。

犠牲祭（ぎせいさい）

犠牲祭はイード・アル・アドバと呼ばれ、ズー・アルヒッジャ月の10日に行われます。これは、アブラハムが息子イサクを生けにえとして神にささげる覚悟ができたことを祝う行事で、メッカ巡礼の一部として行われます。ふつうは羊か山羊を生けにえにします。多くの国では、それぞれの家族が認可された屠殺（とさつ）場に依頼します。

羊や他の動物を生けにえにすることは、ムスリム自身を神に犠牲としてささげる意味がある。

41

現代のイスラム

20世紀は、イスラムの復活と成長の時代でした。ヨーロッパの植民支配の力がしだいに弱まり、現在のイスラム国家が誕生しました。世紀末になると、イスラム諸国の多くで、イスラムの法と価値を見直す動きが活発になりました。今日、イスラム諸国の中には、信仰を重んじる保守的な人々と、より新しい政治や社会をめざす人々の間で争いが続いている国もあります。

世界中のムスリムは、同じ宗教上の信念で結ばれている。14世紀にイラクで描かれたこの細密画には、最後の審判の日に大天使アスラフィルがラッパを吹き鳴らす場面が描かれている。

イスラムへの回帰
1991年にソビエト連邦が崩壊すると、中央アジアとバルカン半島のムスリムは、再び自由に礼拝できるようになりました。

1990年代になると、以前はユーゴスラビアとしてソビエトの影響の下で結束していた国々の間で、残忍な内戦がいくつか起こった。ボスニアの多くのムスリムはそこを離れ、マレーシアなどの遠いイスラム国家へ移動した。モスタル橋（左）は、ムスリムとクロアチア人との戦いの象徴となった。

1988年にソビエトがアフガニスタンから撤退すると、ムジャヘディンと呼ばれるムスリムの反乱軍兵士が、支配権を奪うために政府軍と戦った。

ムスリムの間では、女性はつねに慎み深い衣服を着るべきだとされている。この考え方にもとづいて、女性たちがヘッドスカーフを巻く国もあれば、頭からつま先までおおわなければならないという国もある。このアフガニスタンの女性は、ひじょうに保守的な服装をしている。

イスラム主義
20世紀最後の数年間に、イスラムの法を強化し、より伝統にそった法の解釈をする動きがムスリムの間で強まりました。タリバンという組織は、アフガニスタン国内で原理主義、つまりもっとも過激なイスラム主義をうち立てました。彼らは男女を分離し、少女の学校を閉鎖し、女性が家の外で働くことを禁じ、テレビや映画、音楽を廃止しました。また、盗みの罪に対する罰として手足の切断をするなど、ひじょうにきびしい罰則をとり入れました。

パレスチナ人
問題のような難問題が、イスラム国家と欧米の関係を悩ませ続けている。こうした問題を解決するために、ヤセル・アラファト（上）はアメリカ合衆国の大統領と何度も会談を行っている。

イタリア・フィレンツェのモスクで礼拝するムスリムの男性。

多様性

多様性という言葉は、おそらく今日のイスラムをもっとも的確に表していると思われます。10億人前後にのぼる世界中のムスリムのうち、現在中東で暮らしているのはおよそ25％だけです。インドネシアは世界でもっともムスリムの人口が多い国です。また、以前ソビエトの一部だった中央アジアのムスリム人口は、中東を抜いています。しかし、アラビア語は依然として『コーラン』の言語として使われ、中東はイスラム教発祥の地として認められています。

未来に向けて

20世紀の後半は、イスラム教徒としての独自性がより強く自覚された時代でした。世界ムスリム連盟（1962年設立）やイスラム諸国会議機構（1969年設立）など、数多くの世界的イスラム団体が設立されました。イスラム諸国会議機構は現在、遠く離れたセネガルやマレーシアを含むおよそ40カ国で構成されています。このようにお互いの結びつきが強まっているにもかかわらず、イスラム国家同士、あるいは国家内部での摩擦は続いています。イスラム世界は今、挑戦と変化がいっぱいの新世紀の入り口で、ようやく均衡を保っている状態なのです。

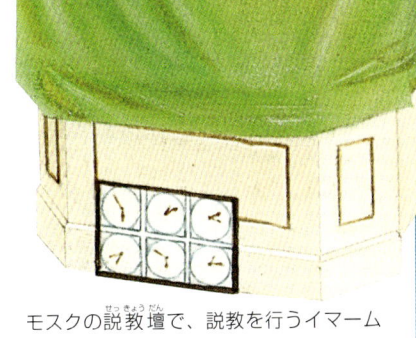

モスクの説教壇で、説教を行うイマーム（指導者）。

世界中のイスラム地域で、モスクはイスラム共同体の拠点として人々を支え続けている。これは、1993年に完成した、モロッコのカサブランカにあるハッサン2世大モスク。2万5千人を収容でき、図書館や公衆浴場、円形の大講堂なども併設されている。

43

用語解説

アラー（アッラー） イスラム教における唯一神のよび名。

アラビア語 アラビア半島に起源をもつセム系民族アラブ人の言語。

イスラム 唯一の神と預言者であるムハンマドを信仰する宗教。この教えに従う者をムスリムと呼ぶ。

イスラム五柱 ムスリムが実践しなくてはならない5つの義務。信仰告白、礼拝、貧しい人へのほどこし、ラマダン月の間の断食、メッカ巡礼。

一夫多妻 イスラムの慣習で、1人の男性が2人以上の妻を持つこと。

王朝 同じ家系によって代々受け継がれる国王の継承。

カーバ神殿 メッカのグレートモスク中庭にある立方形の神殿。ムスリムは、アブラハムがそこに初めて唯一神の礼拝施設を建てたと信じている。ムスリムにとって、世界でもっとも神聖な場所とされ、彼らはこの方向を向いて祈る。

カリフ 宗教上の指導者として、預言者ムハンマドの後を継ぎ、ムスリム共同体をまとめる者。

コーラン（クルアーン） イスラム教の聖典。神がムハンマドに授けた啓示をしるしたものとされている。イスラム世界の宗教、社会、商業、軍事、法律の基礎となっている。

黒石 アブラハムが天使ガブリエルから受け取り、カーバ神殿内に置いた聖なる石。

ザカート 慈善行為や寄付をほどこすこと。イスラム五柱の3番目にあたる。ザカートには「清める」という意味がある。

サラート すべてのムスリムが、メッカの方に向かって1日に5回行う礼拝。

シーア派 イスラム教の2大宗派のひとつ。初代から3代までのカリフを認めず、4代目のカリフであるアリをムハンマドの正統な後継者と信じている。イランやイラクのほとんどの人々がシーア派に属している。

シムルグ ペルシアの伝説に登場する古代の大きな鳥。偉大な知性を持っていたといわれる。

シャー 1979年まで君臨したイランの支配者。1979年に起きたイラン人の暴動でシャーはイランを去り、これによってムスリムの指導者を大統領とするイスラムの共和国が発足した。

シャリーア イスラムの戒律や法をまとめたもの。正しい行いやよりよい人生を送るための方法をムスリムに教えている。「道」を意味する。

スーフィー 神との親密で個人的な関係を求めるムスリムの神秘主義者。

スルタン王朝 スルタンによって支配されている領土。通常は、イスラム国家の国王または君主をさす。

スンニ派 イスラム教の中でも最大の宗派。「スンナ」、つまりムハンマドの言葉や行動を忠実に守るのが特徴。スンニ派の信者は、初代から3代までのカリフをムハンマドの後継者として認めている。「正統派ムスリム」と呼ばれることもある。

世俗 非宗教的なこと。つまり、精神性や宗教を大切にしていないこと、またはそれに関連することがら。

代数 数学分野の1つで、理論的に計算の関連性を説明する学問。代数を意味する英語の「algebra」は、「復活」を意味するアラビア語al-jabr（アル・ジャブル）という言葉からきている。「アル・ジャブル」は、ムハンマド・アル・フワリズミがアラビア語で書いた数学の著書名の一部で、「復活」を意味する言葉からきている。

都市国家 自由な市民が管理する独立都市で、周辺地域をも支配下におさめる。

ハッジ（メッカ巡礼） 年に一度、イスラム暦12月に行われるメッカへの特別な巡礼。すべてのムスリムは、少なくとも一生に一度は訪れなければならない。ハッジをなしとげた男性をハジ、女性をハジャーと呼ぶ。

ハン国 ハンと呼ばれる身分の高い者によって支配された地域。とくにアフガニスタン、イランおよびその他の中央アジア地域にみられた。

ベドウィン アラビア、シリアおよび北アフリカの砂漠で生活するアラブ系遊牧民族。

ミフラーブ モスク入口を入ってつきあたりの壁にあるアーチ型のニッチ（壁のくぼみ）。ミフラーブの位置で、礼拝者はメッカの方向を知る

ことができる。

メッカ 現在のサウジアラビアにある都市。ムハンマドが生まれた場所であり、世界中のムスリムにとって最も神聖な都市。ここにはカーバ神殿があり、巡礼の中心拠点となっている。

ムハンマド アラブ人の預言者で、イスラム教の創設者。ムスリムは、彼が神から直接啓示を受けたと信じている。ただ預言者と呼ばれることもある。

モスク 礼拝を行うための公共のイスラム教施設。

遊牧民 決まった住居を持たず、食糧や牧草地を求めてあちこちを放浪する人々。

ラマダン イスラム暦第9月。聖なる月とされ、肉体的に可能なムスリムは、日の出から日没まで毎日断食を行う。

さくいん

あ行

アーイシャ……13
アイバク、クトゥブ・アディーン……24
アヴィセンナ……18
アクバル大帝……31, 37
アジア……8, 10, 16, 17, 19, 24, 25, 30, 31, 34
アッバース大帝……31
アッバース朝……16, 20
アフガニスタン……17, 24, 27, 42
アブラハム……11, 29, 41, 44
アフリカ……8, 10, 11, 16, 17, 19, 20, 21, 27, 30, 32, 34, 44
アラー……8, 14, 26, 44
アラビア語……8-10, 14, 16, 18, 19, 22, 23, 26, 30, 43, 44
アラビア数字……19
アラファト、ヤセル……43
アラファトの山……28, 29
アラブ人……10, 17, 19, 20, 24, 25, 44
アラブナショナリズム……35
アリ、ムハンマド……34
アリストテレス……18
アル・アダビア、ラビア……27
アル・ジャザリー……18
アル・ジャズリ……27
アル・ナセル、アブド中佐……35
アル・フワリズミ、ムハマド……44
アル・マリク、アブド……32
アル・ラーズィー、ムハマド……18
アル・ルーミー、ジャラール……27
アルジェリア……21, 35
アルハンブラ宮殿……14, 33
アルモラービデ朝……16, 17
アレクサンドリア、エジプト……10, 20
イード・アルフィトル……41
イエス……12, 17
医学……18
イギリス……34, 35

イスタンブール……19, 30, 32, 34
イスファハン……30, 31, 36
イスラエル……35, 39
イスラム救国戦線……21
イスラム五柱……14, 44
イスラム国家……34, 35, 42-44
イスラム諸国会議機構……43
イスラム暦……13, 15, 28, 40, 44
一夫多妻……38, 44
衣服……28, 35, 36, 42
イブン・シーナ……18
イラク……8, 32, 33, 35, 39, 42, 44
イラン……8, 10, 30, 31, 34, 35, 36, 39, 44
威力の夜……41
インド……16, 18, 19, 23, 24-27, 30, 33, 35, 39
インドネシア……24, 25, 35, 43
ウズベク……30, 31
ウマイヤ朝……16, 17, 23, 32, 41
エジプト……19-21, 34, 35, 37
エルサレム……9, 10, 12, 15, 17
オスマン人……12
オスマン帝国……8, 20, 30-32, 34

か行

カーバ神殿……9, 11-13, 15, 28, 44, 45
科学……9, 16, 18, 24, 37
ガズナ朝……24
学校……12, 15, 18, 19, 38, 42
ガブリエル……11, 12, 41, 44
カリグラフィー……32
カリフ……8, 13, 16, 20, 32, 33, 44
犠牲祭……29, 41
北アメリカ……8, 38-39
行事……40, 41
ギリシャ、古代……9, 18, 19
キリスト教……10, 17, 23, 31
クウェート……35, 39
グラナダ、スペイン……14, 17, 33

グレートモスク……8, 9, 23, 28, 32, 44
芸術……9, 16, 24, 32, 33
ケマル、ムスタファ……34
コーラン……8, 9, 14, 16, 19, 21-23, 25, 29, 32, 36, 40, 41, 43, 44
黒石……11, 13, 44
コンスタンチノープル……10, 17

さ行

サウジアラビア……8, 12, 45
サウム……15
ザカート……15, 44
ササン帝国……10
サファヴィー朝……30, 31
サファヴィー帝国……34
ザムザムの泉……28
サラート……9, 15, 44
サルマン・ラシュディ……39
ジア、カレダ……37
シーア派……8, 26, 31, 41, 44
仕事……36-38
慈悲の山……28, 29
シムルグ……26, 32, 44
シャー……34, 35, 44
シャー・アッバース大帝……31
シャー・ジャハン……33
シャハーダ……14
シャリーア……14, 44
ジャワ……25
十字軍……17
巡礼……9, 11, 13-15, 20, 27-29, 40, 41, 44, 45
女性……27-29, 36, 37, 42, 44
シリア……11, 17, 35, 39, 44
ジン……10
信仰告白……14, 44
神聖ローマ帝国……30
スーダン……20, 35, 36
スーフィー……26-27

45

スペイン ……14, 16, 17, 32, 33	ニューヨーク ……39	マンサ・ムーサ ……20
スルタン ……24, 25, 30, 31, 32, 34		ミナ ……28, 29
スルタン王朝 ……24, 44	**は行**	ミフラーブ ……23, 44
スレイマン大帝 ……30-33	ハガル ……28	ムーエジン ……15, 22
スンニ派 ……8, 26, 31, 44	パキスタン ……24, 35, 37, 39	ムガール人 ……33
聖遷 ……13, 40	バグダッド ……16-18, 30, 31, 36	ムガール帝国 ……23, 24, 30, 31, 33, 34, 37
石油 ……25, 39	バクル、アブー ……13	ムスリム連盟 ……35
ゾロアスター教 ……10	ハッジ ……15, 28	メソポタミア ……16, 26
ソンガイ帝国 ……20	バビロニア ……19	メッカ ……9-13, 15, 17-20, 22, 23, 28, 29, 40, 44
	バビロニア人 ……10	
た行	パレスチナ ……17, 35, 39	メディナ ……9, 10, 12, 13, 17, 18, 23, 29
タージ・マハル ……33	バングラデシュ ……24, 35, 37, 39	メラカ ……25
代数 ……19, 44	ハン国 ……31, 44	モーセ ……12
ダマスカス ……16-18, 23, 38	ビザンチン帝国 ……10, 17	モスク ……19, 20-25, 31-33, 37-41, 43-45
タリバン ……42	ヒラー山 ……12	
断食 ……15, 40, 41, 44, 45	ヒンズー教徒 ……24	モンゴル ……16, 30
断食明けの祭り ……41	フサイン ……41	
チシュティー ……27	ブット、ベナジール ……37	**や行**
チャド ……21, 35	プトレマイオス ……19	ヨーロッパ ……8, 17, 19, 30, 31, 34, 35, 38, 42
中国 ……8, 25	ベドウィン ……11, 12, 37, 44	
中東 ……8, 10, 33, 34, 39, 43	ペトラ ……11	ヨルダン ……11, 35, 39
チルレル、タンス ……37	ペルシア ……10, 18, 19, 23, 24	夜の旅 ……9, 12, 41
デリー ……24, 27, 30, 33	ホメイニ、アヤトラ ……35, 39	
デルヴィーシュ ……26, 27	ボルネオ ……25	**ら行**
天体観測儀 ……19		ライラ・アル・カドル ……41
天文学 ……19	**ま行**	ライラ・アル・バラト ……41
トルコ ……16, 23, 24, 26, 30, 32-34, 37	マリ ……20, 21, 27	ラマダン ……15, 40, 41, 44
	マルコム・エックス ……39	礼拝 ……9, 13-15, 20-23, 29, 37, 38
な行	マレーシア ……24, 25, 35, 42	レバノン ……35, 39
ナフィサ、サイーダ ……27	満月の夜の祭 ……41	

日本語版監訳者紹介

佐藤 正英（さとう まさひで）

1936年生まれ。58年に東京大学文学部倫理学科を卒業後、同大学院人文学科研究科倫理学専攻博士課程修了。東京大学名誉教授を経て、現在、共立女子大学文芸学部教授を務める。主な著書に『日本倫理思想史』（東京大学出版会）、『親鸞入門』（筑摩書房）。監訳書に『一神教の誕生—ユダヤ教、キリスト教、イスラム教』『神はなぜ生まれたか』『世界宗教事典』などがある。

世界宗教の謎　**イスラム教**
2004年3月25日初版第1刷発行

著　者　ニール・モリス　　監　訳　佐藤正英
発行者　荒井秀夫　　　　　翻訳協力　加藤晴美
　　　　　　　　　　　　　DTP制作　リリーフ・システムズ
発行所　株式会社　ゆまに書房
　　　　東京都千代田区内神田2-7-6　〒101-0047
　　　　Tel. 03(5296)0491／Fax. 03(5296)0493
日本語版版権©2003　株式会社ゆまに書房

ISBN4-8433-1067-0 ©0314

Acknowledgements

The Publishers would like to thank the following photographers and picture libraries for the photos used in this book.

t=top; tl=top left; tc=top center; tr=top right; c=center;
cl=center left; b=bottom; bl=bottom left; bc=bottom center; br=bottom right

Cover Marco Nardi/McRae Books Archives; **9c** Robert Azzi / Grazia Neri/W.C.A.; **25c** Corbis/Grazia Neri; **29br** Marco Nardi/McRae Books Archives; **40cl** Corbis/Grazia Neri; **41cl** Corbis/Grazia Neri; **43tr** Press Photo, Florence